das neue buch
Herausgegeben von Jürgen Manthey

Peter Rühmkorf
Walther von der Vogelweide, Klopstock und ich

das neue buch
rowohlt

Erstausgabe
Veröffentlicht im Rowohlt Taschenbuch Verlag GmbH,
Reinbek bei Hamburg, Dezember 1975
1.– 8. Tausend Dezember 1975
9.–13. Tausend März 1976

Umschlagentwurf Christian Chruxin und
Antje Petersen (Titelbild nach einer Idee des Autors)
Gesetzt aus der Linotype-Garamond-Antiqua
Gesamtherstellung
Clausen & Bosse, Leck/Schleswig
Printed in Germany
1200-ISBN 3 499 25065 9

Inhalt

Walther von der Vogelweide Reichssänger und Hausierer

Wie wenig man von ihm weiß – Geburtsort, Geburtsjahr, soziale Herkunft und alle möglichen Lebensdaten liegen im Dunkeln – für eines hat der Dichter Walther von der Vogelweide jedenfalls selbst gesorgt: für ein einprägsames und überlieferungswürdiges Selbstporträt:

1 Ich saz ûf eime steine
und dahte bein mit beine:
dar ûf satzt ich den ellenbogen:
ich hete in mîne hant gesmogen
daz kinne und ein mîn wange.
dô dâhte ich mir vil ange:
wie man zer werlte solte leben:
deheinen rât kond ich gegeben...

Das eindrucksvolle Bild hat seine Wirkung auf die Nachkommenden nicht verfehlt. In der «Weingartner Liederhandschrift» vom Anfang des vierzehnten Jahrhunderts sehen wir den Herrn Walther bereits in der von ihm vorgegebenen Haltung abkonterfeit. Und auch der große «Codex Manesse», etwa um die gleiche Zeit entstanden, zeigt den Denkenden und Sinnenden noch einmal in dieser gewissermaßen für die Nachwelt bestimmten Positur. Freilich: was die immobilen Sitzbilder denn doch nur sehr unvollkommen wiedergeben, ist die im Gedicht schrittweise vollzogene Aufstokkung einer Figur von unten nach oben, von der Basis bis zum Scheitel, von einem tragfähigen Unterbau bis schließlich hinauf in jene bewegten Überbaubereiche, in denen die auf- und umgewühlten Gedanken ihr friedloses Wesen treiben. Um die imposante Entwicklung einer Person noch einmal in ihren einzelnen Bauabschnitten nachzuvollziehen:

1. «Ich saß auf einem Stein»
– das heißt:
der Selbstporträtist begibt sich auf ein
haltbares Fundament.

2. «Und schlug ein Bein über das andere» – das heißt:
Die Gestalt nimmt von unten her Kontur
an und beginnt sich locker zu verfestigen.

3. «Darauf stützte ich den Ellenbogen» – So!
Jetzt ist der immer noch etwas kippligen
Konstruktion ein tragender Balken eingezogen worden, wobei – fast unter der Hand –
gleichzeitig Spannung mit ins Spiel kommt.

4. «Ich hatte in meine Hand geschmiegt das
Kinn und meine Wange»
– Das Fazit, die Bilanz:
vier Striche und die Figur *sitzt*! Damit sehen wir nun aber auch schon die Gewölbezone erreicht, und wir können gemeinsam zu den höheren und höchsten Gedankenaufbauten übergehen:

So erwog ich in aller Eindringlichkeit
wie man auf dieser Welt zu leben habe.
Keinen Rat wußte ich zu geben,
wie man drei Dinge erwerben könne,
ohne daß eines von ihnen verlorenginge.
Zwei von ihnen sind Ehre und Besitz,
die einander oft Abbruch tun;
das dritte ist die Gnade Gottes,
weit höher geltend als die beiden andern.
Die wünschte ich in *ein* Gefäß zu tun.
Aber zu unserm Leid kann das nicht sein,
daß Besitz und Ehre in der Welt
und dazu Gottes Gnade
Zusammen in *ein* Herz kommen.
Weg und Steg sind ihnen verbaut,
Verrat lauert im Hinterhalt,
Gewalttat zieht auf der Straße,
Friede und Recht sind todwund:
bevor die beiden nicht gesunden, haben die Drei keine Sicherheit.

Die Prosaübersetzung stammt von Peter Wapnewski, und der Herausgeber einer wohl erwählten und einfühlsam-zupackend kommentierten Walther-Ausgabe hat sicher gut daran getan, in Prosa zu bleiben. Alle auf eine «poetische» Umsetzung reflektierenden Übertragungen sagen wir seit Uhland, sagen wir auf jeden Fall seit Simrock kranken ja leider an der aussichtsarmen Liebesmühe, ein Stück staufischer Versbaukunst noch einmal grammatikalisch und syntaktisch nachzustellen. Schon Uhlands Versuch einer pp. poetischen Rohübersetzung zeitigte wenig besseres als einige rohe Kopien, die das Vorbild umso weiter aus den Augen verloren, je näher und enger sie ihm auf den Fersen zu bleiben meinten. Aber auch das simrockische Bemühen, die verschollenen Minnemelodien einer vergangenen Epoche wieder zum Klingen zu bringen und der Würde, der Wucht und der Wut der alten Spruchweisheiten auf neu altdeutsch gerecht zu werden, führte meist nur zu jener Art von Gelehrtenlyrik, die ohnmächtig und beflissen hinter Originalen hergrimmassiert.

Damit wir uns jetzt nicht mißverstehen. Wenn der Dichter Walther von der Vogelweide nach Jahrhunderten des Vergessens wieder ans Licht gezogen und als sagen wir einmal «Nationales Kulturerbe» gerettet wurde, dann verdanken wir Wiederentdeckung und Restauration ganz entschieden diesen beiden Dichterwissenschaftlern Ludwig Uhland und Karl Simrock. Bleibt für uns allerdings die Frage, wer wann was entdeckt und inwieweit Neubelebung, Tradition, Übertragung und Auslegung zusammenhängen. Zugespitzt: Wozu übersetzt man überhaupt einen Bamberger Dom, ein Aachener Münster oder eine Wildenburger Knotensäule? Und wohin und für wen?

Was sich uns als Fundamentalproblem darstellt, war für die Germanisten und Germanosophen des neunzehnten Jahrhunderts überhaupt keine Frage, sie wußten genau, wohin sie *ihren* Walther haben wollten: an den Himmel einer neu sich aufwölbenden Reichsidee und ins Zeughaus der völkischen Wiederaufrüstung. Noch ehe sie gelernt hatten, die Chronologie der Gedichte auch nur halbwegs richtig durchzubuchstabieren, datieren sie Walthers Reichssprüche zunächst einmal in ihre eigne Zeit. Ohne angemessen zu differenzieren, inwieweit sich die aktuellen Nationalfragen und der staufische Reichsgedanke zusammenreimten, inwieweit Walthers Antipapismus und der damals gerade moderne Kulturkampf zu vergleichen waren, die Idee vom Regnum und die imperialistischen Machtvorstellungen des neunzehnten Jahrhunderts überhaupt Beziehungspunkte ergaben, bemächtigten sich unsere politisierenden Deutschpauker des neu entdeckten Nationaldenkmals und bliesen ihm Geist von ihrem eigenen Schulstubenatem ein.

«Als Deutscher bleibt Walther uns und unseren Nachkommen in die fernsten Zeiten ein Vorbild reinster, glühendster Vaterlandsliebe. In seiner politischen Dichtung liegt denn auch der Schwerpunkt seiner Bedeutung für die Geschichte unseres Volks. Denn er berührt nicht nur die wichtigsten politischen Fragen seiner Zeit, sondern gibt sich als einflußreicher Sprecher *einer Partei* zu erkennen, die, unbeirrt von den streitenden dynastischen Interessen der Staufer und der Welfen, die rein nationale Sache vertrat und unverrückt ein Ziel im Auge behielt, die Ehre und die Größe der Nation, die Idee des weltbeherrschenden deutschen Kaiserthums.»

Solcher chauvinistische Kitsch, wie wir ihn aus der Walther-Biografie von Rudolf Menzel literweise abfüllen könnten, war keine Einzelerscheinung. Die alberne Deutschtümelei pflanzt sich fort von einem Biografen zum andern, von einer vaterländischen Schulauswahl zur nächsten, von völkischen Sängerspektakeln zu tirolerischen Unabhängigkeitskirchweihen, und was schließlich daraus hervorging und dann nahtlos in die nazideutsche Großraumgermanistik paßte, war so etwas wie – nein, war haargenau! – das Bild eines frühdeutschen Anschlußpolitikers und Heim-ins-Reich-Ideologen. Immerhin – und selbst *das* bemühen wir uns noch, kritisch in Rechnung zu stellen – immerhin war diese bis zur Unkenntlichkeit aufgeblasene Walther-Figur ein Mythos. Dagegen mag sich sträuben wer die Mythisierung von Literaturgestalten schlechthin für Mumpitz hält. Wir müßten dann nur darauf aufmerksam machen dürfen, daß literarische Tradition *und* literarische Legendenbildung zueinander gehören wie zwei Seiten einer Medaille und daß Überlieferung ohne das nötige ideologische Gleitfett gar nicht stattfindet. Literatur, die sich nicht als legendenfähig erweist, wird gar nicht weitervermittelt. Auch beraubt wer Beschäftigung mit Literatur gewissermaßen wertfrei betreibt, den Gegenstand seines Interesses der allgemeineren Identifikationsbasis. Womit wir nicht mehr und nicht weniger sagen möchten, als daß unsre nobel neutralistische Gegenwartsphilologie ein irgendwie greifbares, auf Zuneigung gegründetes und mit aktuellen Hoffnungen verknüpftes Waltherbild nicht zuwege gebracht hat. Als der Nazigeist nach und nach aus den Schulstuben exorziert wurde, und auch der Nationalismus von vorgestern nicht mehr bis in die Oberseminare trug, zerbröckelte das alte Walther-Denkmal zu einem Scherbenhaufen von Fußnoten, und was blieb, war eine bis zur Unleserlichkeit verkodifizierte Konkursmasse.

«Die im Kern schon von Lachmann (56, 14 ff./52, 23 ff.), dann besonders von Wilmans Ausgabe ²1883; zu 70, 1 ff. Schluß, das bei ihm hinzukommt (Anmerkung), entdeckte, durch von Kraus stark ausgebaute Kette hat (wenn auch natürlich nicht ganz ohne Abstriche und Modifikationen) weithin Beifall gefunden: bei Halbach (1938), Schwietering, Kuhn, Brinkmann, de Boor, Maurer, Wapnewski. Das Eifersuchtsmotiv (auf Seiten der ‹Wiener› frouwe), das Wander-, Heimkehr-/Rückschau-, Rechtfertigungsmotiv (auf Seiten des lyrischen Ich), die schon die von Lachmann gesehene (Eckpfeiler-) Gruppe 56, 14 ff./52, 23 ff. verbindet, bauen das Rückgrat der inneren Handlung; das Crescendo des Unmuts, von der Geleitstrophe des ‹Preislieds› (56, 14 ff. VI) bis zu 52, 23 ff. (und dann 72, 31 ff.) ist in der Tat fesselnd.» (Kurt Herbert Halbach)

Mit solchen «in der Tat fesselnden» Wissenschaftsbefunden war freilich die Vision zum Teufel. Der bloße Gedanke an eine Rückübersetzung des Datenmaterials in Anschauungsstoff und Lebenswahrheit scheint schlechterdings unmöglich. Und obwohl ich die Verzettlungsverdienste Halbachs gar nicht so geringschätze, wie es scheinen mag, bedünkt mich die Hoffnung auf ein Waltherbild aus dem Geiste fortschreitender Mikrophilologie als Danaiden-Wahn. Viel eher möchte ich meinen, daß sich vielleicht auf dem entgegengesetzten Weg noch einmal so etwas wie ein biografisches Beispiel entwickeln ließe – es muß nicht gleich ein neuer Mythos sein. Wo wir gelernt und gesehen haben, daß die Überlebensfrage gerade in diesem Fall eine Übersetzungsfrage ist und das Vermittlungsproblem eindeutig ein Problem der Interpretation – warum nicht noch einmal dort mit dem Vermitteln = Übertragen anfangen, wo der Dichter überhaupt als Dichter faßbar wird: bei seinen Gedichten. Warum sich nicht noch einmal neu auf jene erstaunenswerten Lieder, Gesänge, Sprüche und Pamphlete einlassen, die doch gewiß nicht nur Studierstoff sind, sondern poetischer Reizstoff, Leuchtstoff, Erregungsstoff, Wirkstoff. Sie sind ja auch nicht bloß Lebensurkunden in jenem vordergründigen Sinn, daß sie uns bestimmte Aufschlüsse über die Lebensumstände eines für bedeutend geltenden Lyrikers vermitteln. Wo man unbefangen genug ist, die gar nicht so spärlichen Namens- und Ortsangaben im Zusammenhang mit den dichterischen Ausdruckswerten zu lesen und die zahlreichen Hinweise auf Weltbegebenheiten und Zeitereignisse in enger Verbindung mit den meist offen und kraß zu Tage tretenden Temperamentsausbrüchen – Freudenbekundungen sowohl wie Wutanfällen, aggressiver Selbstbehauptungslust wie einer friedlos auf harmonische Zusammenhänge zugespitzten Unrast – dann beginnt sich allmählich ein Individuum vor uns zu entfalten: fast zeitgenössisch in seinen zwischen Privatpassionen und politischen Leidenschaften zerteilten Interessen und weit zerklüfteter, womöglich schillernder als es sich unsere datenverarbeitende Schulweisheit träumen läßt.

2 Jetzt will ich meine scharfe Klinge auch mal nutzen.
Wo ich sonst Klinken putzte, ein paar Federn stutzen.
Ich weiß schon, daß man Herrenlohn und Frauendank
am ehesten erreicht mit Lärm und Mißgesang
Singe ich höfisch, werd ich gleich bei Stolle angeschmiert –
Paßt auf! für Wutanfälle wird nicht garantiert.
Wer mich bespeien will, dem geh ich an den Kragen.
In Österreich hab ich gelernt zu dichten und den Takt zu schlagen.
Dort will ich mich zunächst beklagen:
Wo Leopold mich stützt, mag sein, daß sich mein Grimm verliert.

Das Gedicht ist vielseitig aufschlußreich. Allgemein nimmt man es als eigenhändig beglaubigten Herkunftsausweis, was es natürlich auch ist. Wir hören: in Österreich hat Walther die Sangeskunst erlernt, was für ihn so etwas wie ein geistiges Adelsdiplom bedeutet. Über das kurze Statement hinaus gewinnt das Poem aber auch noch von andrer Seite her charakteristische Eigenfarbe. Wer hier vor uns hintritt, beziehungsweise einer Schar von Widersachern entgegen – repräsentiert durch einen nicht näher bekannten Kunstrichter oder vielleicht Festspielarrangeur Stolle – ist alles andere als jene Harmoniefigur aus Vaterlandsliebe, Herzensbildung und Minneseligkeit wie sie der altdeutsche Erbauungsunterricht für seine Tugendideologie benötigte. Wer sich uns und allen platten Lehrzwecken konfrontiert, ist ein in seinem Selbstverständnis tief angeschlagener «Herr» Vogelweide, der Kränkungen und Zurücksetzungen mit ziemlich schroffen Ausfällen vergilt und eine offensichtliche Statusunsicherheit mit übertriebenen Selbsterhöhungen wettmacht.

Übersetzt man die poetisch überzogene Drohgestik einmal in schlichte Alltagsprosa, dann lautet der Wortsinn etwa: Sie wissen wohl nicht, wen Sie vor sich haben, meine Herren Unhöfischen! Allerdings: das Imponiergehabe bezeugt so viele Identitätsskrupel wie andrerseits militant gesteigertes Ich-Bewußtsein. Kein andrer Lyriker vor und neben Walther hat das Personalpronomen «Ich» so ausgiebig benutzt wie dieser angeblich vor allem dem völkischen Kollektiv verpflichtete «Reichssänger». Mustert man die Anfangszeilen von 175 überlieferten Walther-Gedichten einmal durch, dann stellt man beunruhigt fest, daß ein sattes Drittel, nämlich genau 68 Stücke mit den Wörtern «ich», «meiner», «mir», «mich» beginnt. Rein nur beginnt! Die genauere statistische Erhebung läßt freilich keinen Zweifel mehr daran, daß ein in seinen Selbstwertgefühlen tief verunsichertes Ich ein Leben lang um seine Selbstbehauptung gekämpft hat, und daß der sogenannte «Spielmann des Reiches» eigentlich ein Spielmann seiner selbst war: der Vater und Erfinder des deutschen Ich-Gedichts.

3 Wer mir eisglatt begegnet und
mich packt als wär ich kugelrund,
dem werd ich wie ein Ball entgleiten.
Redet mir nicht von Schlüpfrigkeiten:
Bei treuen Freunden hab ich festen Stand,
völlig im Lot und klar umrissen –
Nur dem, der selber tappt im Ungewissen,
mal so – mal so, dem roll ich aus der Hand.

Das war gegen den Epiker Wolfram von Eschenbach gerichtet und, nach Meinung der Wissenschaft, eine Replik auf gezielte Unterstellungen am Anfang des Parzival-Romans. Der Spruch kann aber auch ganz allgemein als Lebensmotto gelten. Wenn ein bestimmter Dichter des Hochmittelalters nur schwer zu fassen, schwierig festzulegen war, dann dieser ständig über fuoge und unfuoge (etwa: über Satzung und Ungesetztheit, das sogenannte Schickliche und das Unschickliche) reflektierende Disputationshansel. Möglicherweise sind auch die Zweifel an seiner ritterlichen Herkunft gar nicht so neuen Datums. War er der letzte Abkömmling eines kleinen Ministerialen, der wirtschaftlich keine andere Chance mehr sah, als sein Heil in der Kunst zu suchen? War er womöglich nur ein kleinbürgerlicher Waltherus Fugelweder, dessen Vater einen Vogelweidhof besessen, was je nach Auslegung heißen kann: Besitzer einer Falknerei, eines Beizbetriebs, einer Fasanerie oder nur eines Leimrutengeheges? War er ein hochherrschaftlicher Absteiger, ein bäuerlicher Aufsteiger oder gar ein völlig unsicherer Kantonist, der sich einen sprechenden Künstlernamen zugelegt hatte? Da von allen Möglichkeiten keine bislang schlüssig belegt wurde und ein adliges Geschlecht «von der Vogelweide» für Walthers Zeit nicht nachzuweisen ist, wollen auch wir uns mit der unsicheren Überlieferung begnügen. Nur eben nachtragen dürfen, daß der «Herr» Walther sein Leben lang ein verdächtiges Bemühen zeigte, geistige Rangordnungen gegen bloß blutsmäßige Hoheitsurkunden auszuspielen. Über eine recht allgemeine Statusunsicherheit des Ritterstandes hinaus, der ja kein reiner Geburtsstand mehr war, sondern ein per Lehen und Ritterschlag diplomierter Dienstmannsrang, beobachten wir bei Walther die gesteigerte Neigung zum Konkurrenzkampf und zum geistigen Rangwettstreit. Aber auch dort, wo sagen wir einmal Gesellungsideale wortwörtlich angesprochen oder ausgemalt werden, wird der genossenschaftlichen Verbindung entschieden der Vorzug eingeräumt vor beispielsweise der Gunst einer edlen Abkunft oder einem familiären Beziehungsgeflecht.

4 Hoch von Geburt, an Freunden arm,
das ist ein rechter Gotterbarm:
lieber will ich die Freundschaft loben.
Laßt einen sein von ganz hoch oben
und ohne Freund – die Welt bleibt leer.
Ist Sippschaft schon Verdienst zu nennen?
Nichts! Aber Freunde binden können.
Vetter mag gut sein – Freund ist mehr.

Wo wir Kunstzeugnisse für Lebenszeugnisse nehmen müssen, wollen wir festhalten, daß bereits Walthers Eintritt in die Literaturgeschichte mit einem literarischen Wettkampf am Wiener Hof begann. Hier hatte sich in den Jahren etwa 1190 bis 1195 ein allerdings wirklich adliger Dichter, der Herr Reinmar von Hagenau, in die Rolle eines Babenberger Hofpoeten hochgesungen. Zu einer Zeit, als der höfische Minnesang bereits in formelhaften Neigungskundgebungen zu erstarren drohte, hat Reinmar die Kunst der glücklosen Anbetung noch einmal auf ziemlich solitäre Höhen der sentimentalen Selbstzerfleischung getrieben. Was sich bei andern Meistern des Genres oft nur als mechanisch vollzogene Pflichtübung ausnahm – der Lobpreis einer hochgestellten Dame nebst der schmachtenden Verzichtserklärung – gewann bei dem außergewöhnlich empfindsam konditionierten Reinmar von Hagenau noch einmal den Anschein echter Herzensrührung und wahrhaftiger persönlicher Betroffenheit. Ohne seiner in der Tat beachtlichen Kunstfertigkeit Unrecht tun zu wollen, bleibt festzuhalten, daß die jahrhundertelang durchtrainierten Hingebungsrituale bei ihm sich zu glaubwürdigen Rührstücken verwandelten und die gereimte Vasallitätsbekundung zu einem gewiß gefühlsaktiven Reizartikel. Kurzum, als der Vogelweider, woher auch immer, an den Wiener Hof geriet, war Reinmar bereits der ungekrönte Sangesmeister der zeitgenössischen Minneszene, und es ist nur natürlich, daß der Jüngere die artifiziellen Kastratentöne des Vorsängers vollkommen originalgetreu nachahmte.

Für eine gewisse Weile. Dann, plötzlich, war dem Schüler die Lust an seiner Schülerrolle vergangen, und auch die formalisierten Wehleidigkeiten des Meisters fanden nicht mehr seinen ungeteilten Beifall. Wo der Herr Reinmar die Kunst des dunkel-schönen Trauerns zu kaum mehr nachvollziehbaren, allenfalls *nachahmbaren* Feinheiten vorgetrieben hatte, begann Walther auf einmal von wechselseitigen Minnefreuden zu singen. Wo Reinmar sich mit der (erwünschten!) Schaustellung seiner Gemütsbewegungen begnügte, gefiel es dem Alumnen, die unterhaltsamen Momente seiner Kunststücke hervorzuheben. Wo Reinmar sich unentwegt in einer selbst suggerierten Empfindungstiefe bespiegelte, bezog Walther die Wirkung auf das Publikum, das heißt auf die ständig sensationsgierige und neuigkeitslüsterne Hofgesellschaft in seine poetischen Reflexionen mit ein. Ohne den Minnesang als das abzuwerten was er war – eine gehobene Schlagerkultur mit festen Huldigungsrequisiten – hintertrieb er doch den Innerlichkeitszauber des Herrn Reinmar mit ziemlich kecken Glaubwürdigkeitsbezweiflungen und setzte ganz neue Fixpunkte einer niemals erörterten Wirkungsästhetik. Ihre offen bestimmten Bemessungsgrundlagen: Aufwertung der Un-

terhaltungsqualitäten gegenüber einem hoch beteuerten, aber doch schwierig überprüfbaren Binnengeschehen; Ableitung von Qualitätskriterien aus der Publikumsreaktion (Applaus oder Langerweile); Bevorzugung sichtbarer Gunsterweise vonseiten der angesungenen Dame gegenüber selbstgenügsamer Verzücktheit.
Was sich zunächst nur als ein konkurrierendes Gehäkel der Lieder und der Argumente ausnahm, sollte sich bald zu einem existenzgefährdenden Gehakel ausweiten. In einem traditionell hübschen, das heißt höfischen Huldigungsgesang «Ich wirbe um allez daz ein man / ze wereltlichen fröiden iemer haben soll» (übersetzt: «Ich werbe um das Höchste, worum ein Mann auf Erden werben kann») hatte Reinmar seine frouwe so hoch an den Himmel gelobt, daß sich der übrige Damenflor deklassiert fühlen mußte. In grenzenloser Übersteigerung der eigenen Affektationen hatte er die Dame – von der noch zu reden sein wird – seinen Ostertag und seine Auferstehungswonne genannt. Und just als ob die subjektive Empfindungstiefe ein objektiver Maßstab für den Rang der Besungenen sei, hatte er dekretiert, daß dieses sein österliches Hochgefühl alle anderen Minnekonkurrenten schachmatt setze. Haargenau an dieser fadenscheinigen Stelle war der Moment erreicht, wo der Rivale, Walther, kunstsicher und reimkräftig zupacken konnte. Seine Replik «in dem dône Ich wirbe um allez daz ein man» ist nicht nur beispiellos für die Gepflogenheiten des höfischen Minnesangs – ein Gegengesang, der sich bereits im Titel als Parodie zu erkennen gibt – die offensive Personalpolemik, nur notdürftig als Minnelied getarnt, durchbricht auf einen gewaltigen Schlag die Intimzone der Scheingefühle und Scheingeständnisse und kanzelt den hochgestellten Kombattanten als einen in Taktfragen ziemlich unerfahrenen Anfänger ab.

5 Ein Mann, der sich in keine Regel schickt,
hat sich beim Spielen arg verspekuliert.
Wo er Madame zu tief ins Auge blickt,
fühlt er sich, sagt er, österlich berührt.
Das könnte uns beinah die Hoffnung rauben;
wer bietet gegen Reinmars Auferstehungsglauben?
Ich bin's, der noch ein bißchen mehr zu bieten hat.
Ich halte mich an meiner Dame Gruß – anstatt!
Das setzt *ihn* mehr als matt.

Wie tief Walther die innere Brüchigkeit des Minnesangs durchschaut hatte, so wenig war er sich über die eigene Rolle am Wiener Hof im klaren. Der Eindruck, den seine versifizierten Frechheiten auf die Hofgesellschaft machten, war gewiß beachtlich; da die Ausfälle gegen Reinmar aber indirekt auch dessen Dame trafen – es war die Herzogin und Herzoginmutter Helene persönlich – war es nur eine Frage der Zeit, wann solche Scheinsiege sich in eine ganz reale Niederlage verwandeln würden. Als der Herzog von Österreich und Steiermark, der V. Leopold, Ende des Jahres 1194 von einem der obligatorischen Kreuzzüge heimkehrte und sich bei einem Turnierstechen zutode stürzte, war es mit der munteren Minnerangelei zunächst einmal vorbei. Der rührige Herr Reinmar verfaßte eine ergreifende Witwenklage und baute seine ohnehin nie wirklich angefochtene Monopolstellung bei der «hêren frouwe» weiter aus. Trotzdem muß der Hahnenkampf der Dichter um die bereits ein wenig vergilbte Witwe noch eine ganze Weile weiter gegangen sein. Überliefert und zuerst von Erich Schmidt und Konrad Burdach, dann von Carl von Kraus, später Nordmeyer in die rechte alte Schlagfolge gebracht, ist ein nicht endenwollendes Hick und Hack, bei dem wohl Reinmar in der Gunst des Publikums den Kürzeren gezogen haben muß, bei dem sich die Neigung der Herzoginwitwe aber offensichtlich mehr und mehr vom Vogelweider abkehrte. Endgültig überspannt war der Bogen – wir halten uns hier an die Nordmeyersche Zeitrechnung – als Herr Reinmar sich gegen gewisse üble Nachreden und mokante Unflätigkeiten, das fortgeschrittene Alter der von ihm umbuhlten Dame betreffend, zur Wehr setzte, und vice versa Walther sich mit einer satirischen Grußadresse an Unbekannt die letzte Gunst der gut erkennbaren Adressatin verscherzte.

Werde ich in ihrem Dienst ein altes Haus,
zählt sie auch schon nicht mehr zu den Frischen –
Merkt sie erst, mir gehn die Haare aus,
wird sie sich bald einen Knaben fischen.
Gut, dann sei ihm noch ein letzter Rat vererbt:
daß er ihr das alte Fell mit Weidenruten gerbt.

Mit solchen unhöfischen Zueignungen haben wir das Gebiet des höfischen Minnesangs nun fast schon verlassen, und was interessiert, ist eigentlich nur mehr, wie lange sich der ungalante Galan an der Wiener Residenz noch halten wird. Zufälligerweise wissen wir es sehr genau. Am 16. April des Jahres 1198 stirbt Walthers Gönner, der junge Thronfolger Friedrich – «der Katholische» – während der Heimfahrt von einem Kreuzzug. Sogleich nach Bekanntwerden der Trauerbotschaft übernimmt Friedrichs Bruder, Leopold VI. von Steiermark, die Regierungsgeschäfte in Österreich und beginnt, das gesamte Staats- und Hofwesen neu zu ordnen. Zu seinen folgenreichsten Amtshandlungen gehört dabei die Verlegung der Residenz aus der Hauptstadt Wien in das nahe der Donau und in den dunklen Kierlinger Forsten gelegene Klosterneuburg. Im Zuge der gewaltigen Umorganisation ernennt er sogleich neue Ministeriale und halftert alte ab, verteilt er Lehen um und kämmt den Hofstaat durch, eine im ganzen beeindruckende und mit viel Energie betriebene Unternehmung, zu deren ersten Rationalisierungsopfern leider auch ein junger Herr von etwa 28 Jahren gehört, der sich noch eben am Beginn einer unkonventionellen Starkarriere wähnte: der Minnesänger Walther von der Vogelweide.

Eine detaillierte Untersuchung von Karl Kurt Klein («Walthers Scheiden aus Österreich») hat die undurchsichtigen Umstände um Walthers Abschied, beziehungsweise seine Verabschiedung mit einer an Sicherheit grenzenden Wahrscheinlichkeit aufklären helfen. Demnach hat sich die Demission eines publikumswirksamen Kammersängers keineswegs so glatt und problemlos angelassen, wie es lange den Anschein hatte. Womit wir es zu tun bekommen, ist eher ein qualvoller Abtrennungs- oder Aussonderungsprozeß, gegen den sich der Dichter mit allen ihm zur Verfügung stehenden Argumentationsmitteln zur Wehr gesetzt hat. Immerhin war Leopold VI. kein Amusus, dessen Amtsübernahme mit einem Sparprogramm für die schönen Künste allgemein verbunden gewesen wäre. Er war auch kein Unmensch, dessen willkürliche Geschäftsführung das Wohl des Landes und seiner Einwohner aus den Augen verloren hätte. Ein lyrischer Bittgang des Dichters um Neuaufnahme in die «familia» des neuen Regenten verzeichnet ausdrücklich gute Taten die Hülle und Fülle:

6 Das Paradies ist mir verwehrt,
da steh ich nackt und ausgesperrt:
müßig, noch weiter an das Tor zu klopfen.
Erklär mir einer die verkehrte Welt:
daß rechts und links von mir der Regen fällt,
und von dem Segen trifft mich nicht ein Tropfen!
Der milde Herr von Österreich
tränkt einem warmen Regen gleich
die Leute und das ganze Land.
Das streckt sich hin wie eine satte Wiese,
mit Blumen überreich bestückte.
Wenn mir davon *ein* Blättchen pflückte
die mächtige Gönnerhand,

weißgott, in welchen Tönen ich sie priese!
In diesem Sinne: Walther, Dichter, Musikant.

Solchen dringenden Bitten mochte der Fürst sich nicht ganz verschließen. Sei es, um wenigstens einen Schein von mäzenatischer «milte» zu wahren, sei es in der Meinung, daß man einen Jugendfreund nicht so ohne weiteres fallenlassen könne, ließ er sich endlich zu einem Kompromiß herbei, der freilich eher auf Verbannung hinauslief. Verbannung warum und wohin? Sagen wir es so: wenn der höfische Minnesang einen sehr bestimmten gesellschaftlichen Zweck erfüllte, dann vor allen weiteren diesen unabdinglichen: in Zeiten erhöhter regierungsamtlicher Aktivitäten oder nach auswärts verlagerter Geschäftstätigkeiten (Kriege, Kreuzzüge, Krönungsfeierlichkeiten, Reichs- und Hoftage) für ein ausgeglichenes Binnenklima zu sorgen: ein Zeitvertreib und Grillenverscheucher für die mit sich allein gelassene Damenwelt.
Da Walthers Sangeskünste aber eher der Verbreitung von Mißhelligkeiten dienten, andrerseits der Fürst den Dichter nicht gerade in die Wüste schicken wollte, schickte er ihn vorsorglich zunächst einmal in den Wald. Das heißt, was er dem Poeten anzubieten bereit war, war eine bäuerliche Lehensstelle, ein sogenanntes Inwärts-Eigen im Kierlinger Wald, vermutlich sogar in der Nähe der neuen Großbaustelle Klosterneuburg. Damit hatte er dem Wunsch des Dichters nach einem Gnadenplätzchen durchaus entsprochen, allerdings nur pro forma, denn wenn ein Ort auf der Welt ganz bestimmt nicht auf der Wunschliste dieses Weltkindes stand, dann war es die Kierlinger Kolonisatoren-Einöde. Tritt er dem Fürsten also noch einmal anzüglich-vertraulich auf die Hühneraugen, die Einladung in die Provinz als das bezeichnend was sie ist: ein Ansinnen.

7 Herzog von Österreich, weis mich nicht von hinnen.
Was soll ein Mann von Welt im Wald beginnen?
Begreifst du gar nicht, wie du ihn beglückst,
wenn du den Menschenfreund zum Roden schickst?!
Dir sei der Wald, die Heide unbenommen;
ich freilich würde ohne Publikum verkommen,
und was du Frieden nennst, raubt mir die Ruh.
Habe ich dir nicht immer Glück gewünscht? Und *Du*?
nimmst mir das meine – Leopold, hör zu:
fahr hin und laß mich hier; so wird es beiden frommen.

Da Leopold sich durch solche munter-bitteren Provokationen nicht erweichen lassen wollte, sah des Dichters Zukunft düster aus. Was von höherer Sicht her gewiß nur eine Lappalie war, die Ausquartierung eines querulantischen Unruhgeistes, das bedeutete für den Gefeuerten selbst die Existenz- und Überlebensfrage schlechthin. Wohin sich wenden in einer Zeit, in der die Brotpreise gerade auf eine neue Höchstmarge geschnellt waren und die amtierenden Landesfürsten alles mögliche lieber in Erwägung zogen als die Neueinstellung eines Kammerpoeten? Wie überhaupt von Ort zu Ort, von Hof zu Hof sich bewegen in einer Welt, die vom Gesetz des nackten Hungers beherrscht wurde und wo das rohe Faustrecht allgemach die alte Reichsgerichtsbarkeit außer Kraft gesetzt hatte. Wie es mit der Welt damals bestellt war, entnehmen wir den nicht sehr viel später verfaßten Annalen eines Geschichtsschreibers, des Abtes Burchard von Ursberg:
«Damals fingen die Übel an, sich auf der Erde zu vervielfältigen. Denn es entstand unter den Menschen Feindschaft, Trug, Untreue, Verrat, womit sie sich gegenseitig in Tod und Untergang hingeben, Raub, Plünderung, Verheerung, Landesverwüstung, Brand, Aufruhr, Krieg. Jedermann ist jetzt meineidig und in die vorbesagten Frevel verstrickt. Wie das Volk, so auch die Priesterschaft. Die Verfolgung ist so groß, daß niemand mit Sicherheit von seinem Wohnort ausgehen kann, auch nur an den nächsten Ort.»
Daß die Verhältnisse sich so sehr zum Argen hatten auswachsen können, war eigentlich einem Unfall und doch sicher mehr als einem bloßen Zufall zu verdanken. Am 28. September des Jahres 1197 war der deutsche König und römische Kaiser Heinrich VI. in Messina gestorben. Was uns heute womöglich als bloßes Personalproblem erscheint, war Ende des 12. Jahrhunderts ein Herrschaftsproblem ganz allererster Ordnung. Sogleich mit Vakantwerden des Kaiserthrones begann der alte staufisch-welfische Streit um die Führungsrolle im Regnum neu zu entbrennen. Der Barbarossasohn Philipp von Schwaben (Bruder des verstorbenen Heinrich VI.) *und* der Sohn Heinrichs des Löwen, der Welfe Otto von Poitou, bemühten sich in einem einzigartigen Finanzwettstreit die Gunst der deutschen Wahlfürsten zu erkaufen und schonten dabei weder ihre Familienschätze noch ihre Erbländereien. Schon am 8. März 1198 hatte der staufische Philipp in Mühlhausen eine repräsentative Lobby zusammengebracht, um sich zum römischen König krönen zu lassen; aber am 12. Juli des gleichen Jahres ließ sich der Welfe in Aachen (nach Reichsbrauch und -gesetz dem «richtigen Ort») von einer gewiß ebenbürtigen Fürstenschar auf den Thron heben. Was seine günstige Ausgangsposition weiter verstärkte, war entschieden die Anwesenheit des Bischofs Adolf von Köln, dem

befugten Königsmacher. Damit standen sich ein volles verhängnisreiches Jahrzehnt lang zwei Macht- und zwei Rechtsansprüche entgegen, die für das Reich den permanenten Bürgerkrieg bedeuteten und bei deren Widerstreit einzig die Landesfürsten die Nutznießer blieben. Inwieweit die gespannte Parteienkonstellation auch das Leben in der Wiener Pfalz und insofern das Schicksal unseres in den Ruhestand versetzten Minnesängers betrafen, wollen wir nicht nur der Kuriosität wegen der eingangs zitierten Walther-Biografie von Rudolf Menzel entnehmen.

«Zu den treuesten Anhängern der Staufer gehörten die Babenberger, und der Wiener Hof nahm den lebhaftesten Anteil an den Verwicklungen im Reich. Mit regem Interesse ward für den jungen Philipp Partei ergriffen, und Walther, dessen persönliche Verstimmung in eifriger Verfolgung der politischen Ereignisse Ableitung und Zerstreuung finden mochte, ward Philipps begeisterter Verfechter.»

Die fromme Legende vom Zerstreuung suchenden Dichter geht bei aller Komik nicht ganz an den Tatsachen vorbei. Fast von einem Tag auf den nächsten ist der heitere Minnespuk für den Vogelweider verflogen. Die alles andere als erfreulichen Aussichten, die sich einem stellungslos gewordenen Schlagerdichter und Coupletverfasser auftun, öffnen ihm aber gleichzeitig den Blick für die Misere der Welt, und in einem fast magischen Beziehungszauber beginnt er die Zerrüttung seiner eigenen wirtschaftlichen Basis *und* die politischen Wirren im Reich ineins zu sehen. Die Identifikationsmechanik ist alt, das Projektionsverfahren durchsichtig, der Umschlag von sozialen Minderwertigkeitsängsten zu Nationalgefühlen und utopischen Reichsvorstellungen ein mittlerweile bekannt gewordenes Kompensationsmuster. Trotzdem hat das Studium bewährter Überhöhungspraktiken an einem so archaischen, um nicht zu sagen Urmodell, natürlich seine besonderen Lehrwerte und Erkenntnisreize. Der Dichter, der eben noch sein Genüge in der Verfertigung höfischer Unterhaltungsartikel fand und sich allenfalls einen Extraspaß aus der Kollegenbeschimpfung machte, prompt mit dem Verlust seiner sozialen Identität setzt das zerspaltene Selbstverständnis ein gleichsam höheres frei, und aus den Trümmern einer Kleinkünstlerexistenz erhebt sich eine ganz neue, allerdings platonische Ansprüchlichkeit: das selbstgewählte Mandat, für das Reich zu singen. In dialektischer Verklammerung bedeutet die Geburtsstunde patriotischer Hochgefühle also gleichzeitig den Schlupftermin eines neuen Ich-Bewußtseins. Erst jetzt bekommt das Wort «Ich» für den Dichter einen bislang unerhörten Intonationswert. Erst von jetzt an wagt das Ich-persönlich sich mit in die Waagschale der politischen Bedenkungen zu werfen:

«*Ich* hôrte ein wazzer diezen» – «*Ich* sach mit mînen ougen» – «*Ich* saz ûf eime steine»!
Da wir den großen Ich-, beziehungsweise Reichs-Gesang bereits eingangs zu Gehör gebracht haben, möchten wir nur noch ergänzen, daß die neue Reichsthematik einer soliden materiellen Motivation keineswegs entbehrte, will heißen einer gewandelten Auftragslage entsprang. Als Leopold VI. im Spätsommer 1198 nach Mainz reisen muß, um seine Belehnung mit Österreich offiziell vom König beglaubigen zu lassen, führt er auch den Dichter in seiner Reisegesellschaft mit, wohl um den vom Kammersänger zum Reichsanwalt Avancierten gnädigst weiterzuvermitteln. Immerhin hat sich *der* inzwischen nicht nur auf ein neues idealisches Motiv, sondern auf eine ganz konkrete Herrschaft eingesungen, den staufischen Philipp, an dessen Hof wir ihn bald als Feiertagspoeten und lyrischen Leitartikler wirksam werden sehen.
Als eine Art Einstandsgabe ist vermutlich ein berühmt gewordener Panegyrikus aufzufassen, in dem der Poet dem immerhin bedenklichen Alleinvertretungsanspruch der Staufer die notwendigen Rechtsgrundlagen andichtet («Diu krône ist elter danne der künec Philippes sî»). Wir erinnern noch einmal: im Sinne des mittelalterlichen Rechtsdenkens hatte die Krönung Ottos von Poitou zwei schwer zu leugnende Vorzüge herzuweisen: erstens die Inthronisation am legitimen Krönungsort, dem welfisch okkupierten Aachen, dann den Segensspruch des allein befugten Zeremonienmeisters, des Erzbischofs von Köln. Einziger wirklicher Schönheitsfehler: die echten Reichsinsignien befanden sich nach wie vor in staufischem Besitz und wurden sicher in der Stauferfeste Trifels aufbewahrt. Folgerichtig, um nicht zu sagen zwangsläufig konzentriert sich Walthers Argumentationsstrategie ganz auf die Herausstellung dieser Hoheitszeichen als unabdingbarer Rechtsgrundlage. Wie alt die Krone immer sei, so reimt, so pseudologisiert er, so wundersam nähme sich die augenfällige Zusammengehörigkeit von Königskopf und Königskrone, vom schmückenden Solitär (dem sogenannten «weisen») und seinem wohlgestalten Träger aus: «die ougenweide sehent die fürsten gerne»: purer Beurkundungszauber, wie man sieht, und wenig besseres, haltbareres als poetische Rechtfertigungsmagie, so aber hieß nun einmal die Dichtung jener amulettengläubigen und indizienfrommen Zeit und die Walthersche im besonderen. Vom gleichen Geist und Duktus ist eine weitere Huldigungsode – «Ez gienc eins tages als unser hêrre wart geborn» – zum Weihnachtsfest des Jahres 1199 in Magdeburg vorgetragen, wo Philipp seinen Hoftag abhielt.

8 An jenem Tag, als unser Herr von einer Magd
geboren ward, schritt König Philipp unverzagt
durch Magdeburg in seinem Strahlenscheine –
Da zog er, König, Kaiserbruder, Kaisersohn,
drei Titel in der nämlichen Person
vereinigt und im Glanz der rechten Steine.
Schritt voller Würde, ohne Hast dahin,
ihm folgte eine hochgeborne Königin,
die Rose ohne Dorn, die Taube ohne Tücken.
Wo ward man jemals solcher Pracht gewahr?
Thüringer brachten hier und Sachsen ihre Grüße dar:
Ein Bild, die heiligen drei Weisen zu entzücken.

Poetisch belangvoller und biografisch aufschlußreicher als solche zeitbezogenen Hagiographien sind einige Sangsprüche, in denen der Poet nicht von sich selbst abstrahiert, sondern das eigene Subjekt ganz unverfroren mit ins Spiel bringt. Erst wo das Ich als Stimmungsträger ernst genommen und der Schmuckrahmen des konventionellen Veranstaltungskalenders überschritten wird, betreten wir in weitestem Sinne menschliches Gelände, wo zeitbedingte Poesie als persönlich gestaltete Zeitpoesie ein eigenes Flügelwerk entfalten kann.

9 Als es mit Friederich aus Österreich soweit kam,
daß ihm der Herr die Seele weckte und das Leben nahm,
da kippte ich von meinen stolzen Kranichfüßen.
Da schlich ich wie ein Pfau herabgebeugt,
die Stirne tief bis auf die Knie geneigt:
Erst heute wag ich wieder, frei zu grüßen.
Ich bin noch einmal unter Dach und Fach gekommen,
mich hat das Reich, die Krone mich in ihren Schutz
genommen.
Wer tanzen will, soll nach der Geige springen!
Ich habe meine Lasten abgetan,
mein Fuß fühlt wieder festen Grund, wohlan,
ein Grund, mich neu zum Himmel aufzuschwingen.

Nehmen wir die beiden Gedichte ineins, so bindet sie nicht viel mehr als eine technische Formalität, der sogenannte «Philippston». Die Ordnungsmethode, Walthers Verswerk nach «Tönen» zu klassifizieren (worunter man feste metrisch-musikalische und strophische Organisationsformen zu verstehen hat), soll uns noch kurz zum Anlaß einiger weiter reichender Bedenken dienen. Zum ersten hat Walther ja bestimmte «Reichs-», «Philipps-», «Otten-», «Leopolds-» oder «Atze-Töne» keineswegs durchgehend im Zusammenhang mit den tonangebenden Herrschaften benutzt, sondern besonders einschlägig-eingängig erscheinende Muster je nach Bedarf und Stimmungslage umadressiert. Zum andern – und hier wird es wirklich kritisch – macht wesentlich gar nicht immer der «Ton» die Musik, sondern die subjektiven Stimmungstönungen hinter oder unter dem «Ton», in «Als es mit Friederich aus Österreich soweit kam» («Dô Friderich ûz Ôsterrîch alsô gewarp») eine deutlich euphorische Hochgestimmtheit, die qualitativ und kategorial in ein eigenes und von den Skalen allzu apodiktischer Klopfkundler wie Friedrich Maurer abweichendes Tonsystem gehört. Erst wo man neben grob metronomischen Bestimmungen die Auskultation der feineren Binnentöne konsequent betreibt, werden sich am Ende das subjektive Zeitempfinden des Dichters und die objektive Zeitrechnung der Geschichte synchron erfassen und begutachten lassen. Obwohl die Waltherwissenschaft solche subtilen Abstimmungsfragen nicht ganz außer Acht gelassen und, zum Beispiel, neben einem so benannten «Unmutston» bereits auch einen «Freudenton» herausgehört hat, möchten wir sie mit einer kleinen Entdeckung ein wenig ermutigen, dem vernachlässigten Aushorchverfahren in Zukunft etwas mehr Raum zu gönnen.

Worum es geht: die direkte Familienzusammengehörigkeit zweier noch nie gemeinsam untersuchter Poeme, des bereits zitierten «Dô Friderich ûz Ôsterrîch alsô gewarp» und der Minnekanzone «Ich bin nû sô rehte frô» wo nicht gerade standesamtlich zu besiegeln, so doch zur Diskussion zu stellen. Obwohl die offen zu Tage tretenden Motive kaum etwas miteinander zu tun zu haben scheinen, konstatieren wir als erste und vielleicht wichtigste Gemeinsamkeit eine erstaunliche Parallelität der gemütlichen Ausdruckswerte: Enthusiasmus im Auftakt, beziehungsweise Aufgekratztheit in statu nascendi, eine bei Walther keineswegs alltägliche Stimmungsqualität. Wo man ihr nachzugehen bereit ist und die Konkordanzen genauer unter die Lupe nimmt, gewahrt man bald, daß sich fast wort- oder doch zumindest inhaltsgleiche Wendungen die Fülle finden. Einem «seht so stîgent mir die sinne» steht verdächtig ein «und wider in ein hôhgemüete stîgen» gegenüber. Neben einem «ander liute duhte er swære» (der Winter nämlich, und ich meine, es war der Winter von 98 auf 99) findet sich die Replik «mir ist mîner swære buoz». Und wo es auf der einen Seite, aufatmend, heißt «der kalte winter was mir gar unmære», dort auf der andern «Ich bin wol ze fiure komen», habe also «ein gastliches Herdfeuer gefunden» (Wapnewski). Aber bringen wir – ehe wir uns der möglichen Lösung unseres kleinen Preisrätsels nähern – zunächst die zwei – für uns – entscheidenden Vergleichsstrophen zu Gehör:

10 Heute bin ich so vergnügt,
daß ich beinah glaube, Wunder zu vollbringen;
Hoffe gar, daß es sich fügt,
in das Herz der Herrin vorzudringen.
Meine ausgelassnen Sinne schwingen
sich schon sternenwärts. Königin, gebietet mir, zu singen.
...
Was mir keiner nehmen kann:
daß ich mich in ihre Nähe sehne.
Nirgendwo und nirgendwann
sah ich eine Frau von gleicher Schöne,
tugendhaft und treu wie jene,
die ich höher stell und lieber preis als Diane und Helene.

Was ist an den beiden Strophen so merkwürdig? Erstens möchte ich meinen, daß sie über alle vordergründigen Inhalte, «Töne» und Adressaten hinweg ein reiches Korrespondenzsystem entfaltet zeigen: nicht nur zur erwähnten Friedrichs-Reminiszenz, sondern auch zu so scheinbar weit entfernten Huldigungsoden wie «Diu krône ist elter danne der künec Philippes sî» und «Ez gienc eins tages als unser hêrre wart geborn», schließlich zu den von vielen Wissenschaftlern in die frühe Philippszeit datierten Minne-Chansons «wol mich der stunde, daz ich sie erkande» und «ganzer fröiden wart mir nie sô wol ze muote». Erst vor dem Hintergrund eines recht allgemeinen Artikulationsgefüges von einigermaßen sicherer Datierbarkeit gewinnt dann aber auch eine so beiläufig-courtois anmutende Formel wie «genâde, ein küniginne» den Anstrich der Besonderheit. Das brauchte sie keineswegs, wenn es bei Walther von direkt apostrophierten Königinnen nur so wimmelte; es findet sich im gesamten Œuvre aber nur eine glatte Handvoll Damen also tituliert: einmal die hehre Jungfrau-Maria-Himmelskönigin, zweimal die gewiß auch nicht gering einzuschätzende Frau Minne, einmal – wir haben es vernommen – die König-Philipps-Gattin Irene («Ihm folgte eine hochgeborne Königin») – und jetzt eine anonyme Minnedame, die außer dem hervorragenden Etikett nicht gerade viele charakteristische Persönlichkeitsmerkmale herzuweisen hat. Trotzdem meine ich, daß wir den Schleier der schönen Unbekannten mit einem kleinen Kunstgriff lüften können. Sie steht ja gar nicht so einsam und allein auf weiter Flur, wie es zunächst den Anschein macht. Sie steht nämlich zum Vergleich. Sie wird mit

zwei Damen verglichen, die – einzige Anspielung auf die klassische Mythologie in Walthers Werk überhaupt – Helena und Diana heißen, und, wie der Sinnbildner ausdrücklich betont, «baz gelobet denne Elêne und Dîjâne». Damit gerät unser Suchrätsel genau am Schluß in sein kritisches Stadium, denn was als Ausflug in legendäre Bereiche zu enden scheint, gibt immerhin einen Namen preis, der in Walthers Leben einmal eine ganz konkrete Rolle spielte: den Namen der vom Dichter jahrelang unglücklich umbuhlten Herzoginwitwe Helene, mäkliger und vermutlich sogar intriganter Oberherrin des Babenbergers Hofes. Dieselbe könnte bei einigem bösen Willen des Dichters möglicherweise auch gleichzeitig als Diana figurieren (nach Maßgabe des Mythos eher grausam als menschenfreundlich), was auf eine «Herrin der Tiere» verwiese und somit zurück nach Klosterneuburg und in den Kierlinger Wald.
Wie aber in einem Umspringbild von der negativen Kontur der einen Gestalt auf die positive der anderen erkannt werden kann, so scheint hier einer als zweitrangig deklassierten Helene eine «küniginne» konfrontiert, die wir nach so vielen Indizien endlich glauben Irene nennen zu dürfen. Womit sich – quod erat demonstrandum – die gemeinhin etwas randständig angesehne Minnekanzone als ansehnliches Pendant zu «Als es mit Friederich aus Österreich soweit kam» herausstellte: in beiden Gedichten hochgespannte Erwartungsfreude nebst jeweils einem Blick zurück: einmal in Trauer um den toten Gönner und einmal mit einem Anflug von Geringschätzung auf die ungetreue Minnedame.

Dies literarische Versteckspiel der Waltherfahndung zur näheren Durchleuchtung ans Herz gelegt, möchten wir jetzt zur Rekapitulation halbwegs gesicherter Tatbestände fortschreiten. Zu ihnen gehört, daß dem Dichter die erhoffte feste Anstellung bei Hofe nicht vergönnt wurde, daß er sich bald darauf durch das halbe Süd- und Mitteldeutschland tingelte und sein Repertoire – statt weiter fleißig im Namen des Reiches zu dichten – nach Maßgabe wechselnder Kundschaft und eines zunehmend sich verändernden Geschmacks an neuen Minneliedern erweiterte. Walthers vielgerühmte und, wie mir scheint, immer etwas zu früh datierte «Wanderjahre» beginnen ernstlich erst jetzt und mit ihnen die lebensbestimmende und kunstprägende Bekanntschaft mit der Vagantenpoesie.

11 Wißt ihr, was dem liebenswerten
Mai zu tun beliebt?
Seht die Laien, die Gelehrten,
wie das quirlt und stiebt.

Seine Macht ist groß.
Ist das Zauberei zu nennen?
Wo er einzieht, da entbrennen
alle! – alterslos.

Heute kann uns nichts mißlingen,
alles fügt sich frei:
Tanzen, Lachen, Liedersingen,
ohne Stoffelei.
Wo bleibt Ungemach?
Wenn die Vögel selbstvergessen
ihre schönsten Stimmen messen –
tun wir's ihnen nach.

Mai, egal, wie du entscheidest,
es ist wohlbestellt!
Wie du Wald und Weide kleidest,
gar das freie Feld.
Was kann bunter sein?
Du bist kleiner, ich bin weiter
streiten Blumen sich und Kräuter
unentwegt am Rain.

Roter Mund wirkt auch nicht jünger,
der der Küsse lacht;
den getreuen Überbringer
ganz zum Narren macht.
Hat das etwa Art?
Nein, die Stunden kann ich missen,
wo ein Mäulchen so verbissen
an der Liebe spart.

Herrin, Ihr alleine seid es,
die mein Herze quält.
Denk ich denn noch was Gescheites
als daß Ihr mir fehlt?!
Warum so vereist?
Mir ist restlos unverständlich:
allen zeigt sie sich erkenntlich,
die mich von sich weist.

Nein, ihr müßt euch jetzt entscheiden,
wie es um uns steht.
Sonst sag ich mit meinen Leiden
Euch zugleich Valet.
Seht es und bedenkt:
Ob Ihr mich im allgemeinen
Jubel nicht mit einem kleinen
Stückchen Glück beschenkt – ! –

Mit solchen anmutigen und trotz des Vorbildes der Carmina Burana in deutscher Sprache unerhört neuartigen Pastourellen soll Walther im Sommer des Jahres 1203 dann noch einmal im unvergeßlichen Wien vorstellig werden. Leopold VI., vorerst noch nicht ins kaum schon bezugsfertige Klosterneuburg übergesiedelt, feiert in Wien seine Vermählung mit der byzantinischen Prinzessin Theodora, was den inzwischen weit herumgekommenen und vielleicht auch ein wenig heruntergekommenen Dichter zu einer neuen Selbstanpreisung ermutigt. «Ir sult sprechen willekomen», «Ihr dürft mich willkommen heißen», so lautet der aufgekratzt-selbstgefällige Adhortativ, mit dem sich der Wanderpoet erneut auf die Wiener Bühne schwingt – eher ein amüsantes enfant terrible als ein ernstzunehmender Vaterlandsharfner.

12 Ihr dürft mich willkommen heißen!
Was ich mitbring, ist ein neuer Ton.
Eure hier bislang bekannten Weisen
sind nur heiße Luft – was ist das schon?
Allerdings die Kasse
muß schon stimmen, oder etwa nicht?
Gebt Ihr solchermaßen schlicht um schlicht,
Aufgepaßt, was ich euch hören lasse.

Ich will unsern deutschen Frauen
vor den Augen aller Welt
ein Podest bis an den Himmel bauen,
gratis, ohne Geld!
Edelmut und Würde
ruhn in sich und kennen keinen Preis.
Was dem Sänger schon genügen würde,
wär ein kleiner Gruß, ein Gunsterweis.

Viele Länder habe ich durchmessen,
in den schönsten ging ich ein und aus –
Einen Besen wollt ich fressen,
wenn's mir dort so wohl wär wie zuhaus.
Fremder Länder Sitten
ließen mich im Grunde kühl.
Unvergleichlich bleiben – unbestritten! –
deutsche Umgangsart und Lebensstil.

Von der Elbe weit bis an den Rhein
und zurück nochmal bis Ungarland:
könnten Frauen edler sein
als ich sie in diesen Breiten fand?
Wenn ich richtig sehe
– und ich bin nicht blind! –
nein, bei Gott, die deutschen Frauen sind
aus der Ferne angesehn so schön wie aus der Nähe.

Unsre Männer nenn ich wohl erzogen,
doch die Frauen sind den Engeln gleich –
Hier herumgemäkelt, heißt gelogen;
nur der Tor scheut den Vergleich.
Anmut, Herz und Liebe,
wer sie sonst nicht fand,
der entdecke sie bei uns, in unserm Land:
Ach, daß es für immer meines bliebe.

Sie, in deren Dienst ich glücklich war
glücklich bleiben möchte so wie eh:
Ich verfiele ihr sogleich mit Haut und Haar
Ließe sie mich nicht allein mit meinem Weh.
Die mein Hoffen kränkte,
Herz mit Füßen tritt –
Falls der Himmel ihr Vergebung schenkte,
wär es zur Bekehrung nur ein Schritt.

Wenn wir zu Anfang meinten, daß die Überlieferungsfrage immer eine Übersetzungsfrage ist, dann müssen wir jetzt ergänzen, daß wirklich alle überkommenen Interpretationen einer Neuübersetzung bedürfen – nach der Fehletikettierung «Erstes Deutschlandlied» auch der inzwischen eingebürgerte Titel «Preislied». Ein Preislied ist das eben zu Gehör gebrachte Gesangstück wohl vor allem im Sinne ziemlich unverfrorener Selbstanpreisungen; falls man bei dem gleich forsch nach vorn gespielten Finanzmotiv nicht an ganz andere Lohn- und Preisfragen denken will. Ungleich materialistischer als unsere teutonistischen Interpretatoren scheint jedenfalls der Wiener Hof den Waltherschen Preisgesang aufgefaßt zu haben, das heißt, als eine in zeitübliche Courtoisien und Selbstbelobigungen eingewickelte Gunstbettelei. Damit wollen wir den Hof nicht ins Recht setzen – womöglich gegen unseren Reisedichter, gottbewahre! – nur eben noch einmal darauf hinweisen, daß man einer komplexen literarischen Hervorbringung nicht einfach ein kleines Stück entreißen sollte, um damit sein eigenes limitiertes Fassungsvermögen in diesem oder jenem verschnittenen Sinn zu betiteln. Da gewisse patriotische Rührungen, Wallungen oder Tendenzen nichtsdestoweniger unüberhörbar sind, möchten wir aufklärend hinzufügen, daß sich diese aus allem anderen als satter Borniertheit herleiten: aus einem Mangel an heimatlicher Zuwendung nämlich und einem Debet an vaterländischem Entgegenkommen. Die sehnlich erwünschte Zuneigung war auch mit der gesamtdeutschen Grußbotschaft nicht zu erwirken. Im Gegenteil, gerade das unerhört Neue, Frische und Gewagte an Walthers bewegtem Einstandsopus wurde als ungebührlich und sittenwidrig abgewiesen. So mußte er nach den Innovationen auch noch die entlastenden Auslegungen selbst verfertigen – disputierende Lehr- und Wehrgedichte, die sich vor allem mit dem Vorwurf der «unfuoge», das heißt mit der ehrenrührigen Behauptung der Ungehörigkeit auseinandersetzen.

13 Zwei Sätze halt ich hoch, wie ungesetzt ich schein,
das ist mir eingepflanzt seit Kindertagen:
gern will ich mit den Frohen fröhlich sein
und an mich halten, wo Bedrückte klagen.
Mit den Heiteren mich freun,
mit Besorgten gern mich sorgen,
werde ich – und sei's zum Schein –
mir von ihrer Laune borgen.
Für das Glück der Harmonie
geb ich mich als wär ich sie.
Manchem ist es völlig
gleich, was in den andern vor sich geht –
Gott! wie ungesellig!

Vor Zeiten, als die Minne noch was galt,
wie waren meine Lieder ausgelassen.
Heut, wo das Minnewesen derb und ungestalt
einherkommt, hat die Kunst sich anzupassen.
Wie die Mode es so fügt,
soll Gesang die Menschen laben;
wenn der grobe Ton verfliegt,
könnt Ihr's wieder nobel haben.
Glücklich, wer es noch erlebt,
daß sich Lust und Lied verwebt.
Könntet Ihr nur hören!
Wie und wann man schicklich singt,
möcht ich euch schon lehren.

Das Lehrgedicht, das anscheinend von Thema zu Thema springt – wir werden es gleich noch bis zu Ende weiterverfolgen – findet seinen Zusammenhalt gewissermaßen katalogisch: in der stückweisen Disputation seinerzeit für schicklich geltender Sangesnormen und Verhaltensregeln. Seine tieferen inneren Zusammenhänge scheinen aber eher in der Person des vielfältig gekränkten Verfassers zu liegen, der die diversen Unmutspunkte auflistet und eine private Normenkontrollklage vorbringt. Wie man annimmt, ist Walther damals bereits mit frivolen Parodien auf seine Minnelieder gefrotzelt worden. So richten sich die kritischen Spitzen gleichzeitig gegen die alt Reinmarischen Selbstgenügsamkeiten und gegen neu in Mode gekommene Grobianismen. Nur daß sich der erklärte Anwalt des Publikumsbedürfnisses insofern in die Enge manövriert, als er die vielfach in den Zeugenstand berufene Öffentlichkeit zum Buhmann herabwertet und seinen Adressaten/Adressatinnen die Schuld für den Verfall der Sangessitten anlastet.

Soll ich euch sagen, was uns allesamt bedrückt?
Daß uns die Frauen nicht mehr unterscheiden.
Wo man im Rüpel einen Kavalier erblickt,
muß jeder Wertbegriff darunter leiden.
Wäre Qualitätsgefühl
allen Frauen selbstverständlich,
würde auch ihr eigner Stil
endlich wieder kenntlich.
Was ist arg, was wohlgebildt,
wo kein Maßstab etwas gilt?!
Frauen, sagt es offen:

Scherten euch die Männer alle über einen Kamm,
wärt Ihr auch betroffen.

Frau ist in meinem Ohr der schönste Name,
den jedes Weib getrost in Anspruch nehmen kann.
Wo eine sei, die dennoch lieber Dame
genannt sein möchte, hör den Einwand an:
Unter Damen gibt es Metzen,
eine Frau bleibt eine Frau;
was wir an den Frauen schätzen,
«Dame» trifft es nie genau.
«Frau» ist jemand von Natur;
«Dame»? – einer hat sich nur
eine Floskel abgekniffen.
Wo man Frauen Frauen nennt,
ist das höchste Lob gleich inbegriffen.

Einst sang ich vor den Damen nur für einen Gruß:
Es war mir Lohns genug, sie hoch zu preisen.
Da ich des kleinen Dankes nun entraten muß,
lobe sie *der*, dem sie sich huldvoller erweisen.
Wo man sichtlich nicht beliebt,
mir Applaus zu zollen,
werde ich mich ungeliebt
unbetrübt vondannen trollen.
Was bedeutet: gleich um gleich.
Wie Ihr mir – so ich Euch.
Lieber den Gemeinen
für ein kleines Freundschaftswort gedient
als den Superfeinen.

Das Gedicht, rechthaberisch, gewitzt, verletzend pointiert, war alles andere als eine Empfehlung. Das nächste Lebenszeichen, das uns von unserem «Preislied»-Sänger überkommen ist, ist also auch kein Literaturpreis und kein Anstellungsvertrag, sondern ein beiläufiger Ausgabenbeleg des kunstsinnigen Bischofs Wolfger von Passau, ausgefertigt am 12. November des Jahres 1203 zu Zeiselmauer, in der Nähe Klosterneuburgs. Die einzige datierte Lebensurkunde, die wir überhaupt von Walther besitzen, ist aufschlußreich in mehrerlei Sinn. 1. Die Eintragung lautet auf fünf Solidi-Münzen für einen Pelzrock – das heißt: der mittellose Dichter muß gefroren haben.

2. Der Beschenkte wird als ein «Sänger Walther von der Vogelweide» aufgeführt – das heißt, ob Walther wirklich ein «miles», also ein richtiger Ritter war, geht auch aus diesem Dokument nicht hervor. 3. Das Buchungsdatum folgt auf den Martinstag – das heißt: daß sich hinter der Dotation wahrscheinlich nur eine milde Gabe verbirgt, wie sie ein hochmögender Herr schon einmal zu Ehren des Heiligen Martin-Mantelteiler an einen armen Wandermusikanten hinschenken konnte. Daß Walther sich länger in der Nähe dieses häufig in geheimen Staatsmissionen zwischen Deutschland und Italien hin- und herpendelnden Reisediplomaten aufgehalten hat, ist jedenfalls unwahrscheinlich. Eher wird er seine Vortragstournee durch das südliche Deutschland fortgesetzt haben, sein Glück bei unterschiedlichen, auch unterschiedlich gnädigen Herren versuchend, unter anderen dem Abt von Tegernsee:

14 Herrjeh, schweigt mir von Tegernsee!
Wie weit das Tor dort offensteh –
Ich machte mir den Umweg – über eine Meile.
Man ist schon ein verrücktes Haus;
da denkt man sich, man kennt sich aus
und teilt nur andrer Leute Vorurteile.
Ich will nicht lästern; Gott vergelt es beiden:
Man schenkte Sprudel
und begossen wie ein Pudel
mußt ich vom Tische dieses Mönches scheiden.

Eine längere Bleibe hat Walther vermutlich erst Ende des Jahres 1204 gefunden – diesmal bei dem nicht nur wegen seiner musischen und bibliophilen Neigungen berühmten, sondern vor allem wegen seiner parteipolitischen Positionswechsel und Intrigantenstücke geschichtsnotorisch gewordenen Hermann von Thüringen. Der Landesregent war gewiß eine der bizarrsten und abenteuerlichsten Gestalten der mittelalterlichen Fürstenszenerie. Ständig auf das eigene Wohl bedacht – was nicht durchaus heißt, auf das Wohl seines Landes und seiner Landeskinder – wechselte er die Partei im deutschen Herrscherstreit je nach Belieben, oder, richtiger, nach Gründen einer vermeintlichen Opportunität, tief unbereit, sich auf so hohe und unsinnliche Dinge wie beispielsweise die Idee vom Regnum auch nur mit einem ernsthaften Gedanken einzulassen. Was ihm Laune machte, war ein ständig zirkulierender Unterhaltungsbetrieb auf seiner zum Musenhof avancierten Wartburg. Was er sich gern einen Batzen kosten ließ, waren wilde Ritterturniere und rauschende Festivitäten – Hauptsache die von ihm angeheuerten

Vortragskünstler waren sensationell oder doch von ihrem Schmuckwert her allererste Reichsklasse. Für diesen sprunghaften, changierenden und auf Selbstdarstellung bedachten Souverän war die Aufnahme des Vogelweiders in seine «familia», in sein «ingesinde» denn auch eine eigensüchtige Ehrensache, und der Dichter dankte sie dem Fürsten mit bewegenden Worten. Wieder einmal paßte Walther sich den für ihn neuen Herrschafts- und Geschmacksverhältnissen zwanglos an und ließ sich gern in Hermanns Raritätensammlung einreihen. Mehr noch, dem neuen Gönner zu genügen, dem der Stauferkönig gerade wieder einmal das Land verwüstet hatte, verfaßt er von hier aus geharnischte Philippiken gegen den zahlungsunwilligen Philipp.

15 König Philippus, mancher, der dir nahesteht,
behauptet, deine Taschen seien von Natur aus zugenäht;
so kann man sein Vermögen auch begraben.
Besser, ein Tausender mit freier Hand geschenkt
als dreißigtausend sich so abgezwängt.
Bedenkt: ein guter Ruf ist leicht zu haben.
Wie sprach der noble Saladin?
«Des Fürsten Hände seien wie ein Sieb», mithin
wird man ihn fürchten, lieben und verehren.
Und nun bedenkt noch dies:
Was Richard Löwenherz sich seine Freiheit kosten ließ:
So dient oft *ein* Verlust, den Nutzen zweier zu
vermehren.

Die Impertinenz lag ganz gewiß nicht in den Forderungen, sie lag in den Anspielungen. Der gegen Schluß zum Exempel erhobne Richard Löwenherz war im Jahre 1194 von dem staufischen Parteigänger Leopold V. in der Nähe Wiens gefangen genommen und von Heinrich VI. erst nach Zahlung einer allgemein als ungeheuerlich empfundenen Auslösungssumme von 150 000 Silbermark wieder freigelassen worden. Der mahnende Hinweis auf den «spendablen» Richard, der zuvor die Welfen finanziell unterstützt hatte, deklassiert den staufischen Philipp somit zu einem Knauser ganz besondrer Art. Da der Dichter persönlich kaum noch einen guten Bissen von ihm zu erwarten hatte, artikuliert der Sangspruch insgeheim bereits die pekuniären Erwartungen der deutschen Fürstengilde, der u. U. verhandlungsbereiten Fürstenopposition recht verstanden. In ihrem Sinne, wenn auch wohl nicht gerade ihrem Auftrag, argumentiert ein nur wenig später, etwa um 1205 verfaßtes Polemikum, das als sogenannter «Spießbratenspruch» dann bald im ganzen Reich die Runde machen sollte.

16 Wir wolln den Köchen raten
– es kommt sie anders hoch zu stehn,
am falschen Platz zu sparen –
daß sie der Fürsten Braten
größer bemessen als geschehn
und auch was tiefer fahren.
Ein Spießbraten zu Griechenland
wurde zerteilt von knausriger Hand
(weil sie das rechte Maß nicht fand)
zu ärmlichen Oblaten.
Die Fürsten fühlten sich düpiert,
der Hausherr wurde ausquartiert;
wer solcherart ein Reich verliert,
sollte des Bratens besser ganz entraten.

Ein wahrhaft unfrommer Wunsch, wenn man die Zeitumstände in Rechnung stellt. In der Tonart des im Mittelalter so gut wie in der Antike beliebten Küchenhumors wird hier auf ein Schauerstück aus dem byzantinischen Ostreich angespielt. Dort war im Jahre 1195 der Kaiser Isaak II. Angelos (pikanter- oder auch undelikaterweise der Schwiegervater des gemeinten Philipp) von seinem Bruder des Throns beraubt und geblendet worden. Zwar war es dem Isaak-Sohn Alexios IV. wenig später gelungen, den frevlerischen Oheim mit Hilfe venetianischer und französischer Kreuzfahrertruppen zu vertreiben; nur daß sich die selbstsüchtigen Lohnforderungen der Hilfesteller nicht so leicht befriedigen lassen wollten, die überhöhten Erwartungen unerfüllt blieben, und die Interventen die Einsetzung Isaaks in seine alten Würden schleunigst wieder annullierten. Ein wohlwollend geduldeter Staatsstreich des Generals Murtzuphlus führte zu der für sie erfreulichen Zwischenlösung, daß Alexios inhaftiert und im Gefängnis erdrosselt wurde, ein leibhaftiger Todesschock für seinen greis-blinden Vater Isaak. «Ausquartiert» wurde und im Sinne des Gedichts «des Bratens entraten» mußte dann freilich auch der im Grunde patriotisch denkende Putschgeneral Murtzuphlus. Unwillens, auf die byzantinischen Staatsanliegen überhaupt noch Rücksicht zu nehmen, nahmen die Kreuzjunker die Hauptstadt Konstantinopel im Sturm, vertrieben sie den aus dem Ruder gelaufenen Marionettenherrscher, wählten Balduin von Flandern-Hennegau als einen der Ihren zum Statthalter und teilten die gewaltige Beute nach Einschätzung der lands-

mannschaftlichen Verdienste. Vor solchem blutigdunstigen Hintergrund enthüllt sich Walthers gourmandisisches Gleichnisgedicht allerdings als eine wenig zartsinnige Nötigung.
Vergessen die mythologisch noblen Anspielungen auf die Isaaks-Tochter Irene («höher gestellt als Diane und Helene»). Vergessen die artig illustrierte Magdeburger Kronen-Zeitung («Thüringer brachten hier und Sachsen ihre Grüße dar»). Was zählt, unter dem Strich, sind nur noch die Belange und Erwartungen der Landespotentaten, allen voran des derzeitig gerade welfenfrommen Thüringer-Hermann.
Die dichterischen Ergebnisse einer unvermuteten Anpassungsequilibristik sind dennoch alles andere als bloße Auftragserledigungen. Im Gegenteil: in dem Bemühen, einem qualitativ neuen Typ sei es von Herrschaftsausübung, sei es von Hofhaltung und Unterhaltungsanspruch zu genügen, versucht Walther jetzt den Bedürfnissen einer an herkömmlicher Minnelyrik herzlich desinteressierten Männergesellschaft entgegen zu kommen. Seine bedeutendste Erfindung: aufregend neue Liebeslieder, die die Beziehung eines höheren Herren zu einem niedergestellten Mädchen schildern, ein bislang in deutscher Sprache unerhörtes Genre von lebensfrischer Schäferpoesie, denn dies und nichts anderes sind Walthers «Mädchenlieder», das berühmte «Lindenlied» sowohl wie die anmutige und – bei unserer ungebrochenen Kunst-Pietät noch am ehesten übersetzbar erscheinende – Pastourelle «Bin ich dir unmære».

17 Magst du mich wohl leiden?
Ich weiß nichts! Ich liebe dich.
Könntst du dich entscheiden!
Immer siehst du her und neben mich.
Zwischen Sieden und Erkalten:
Es ist nicht mehr auszuhalten,
was du mir auf meine Seele bürdest.
Besser wär, wenn du mir tragen helfen würdest.

Ob das Schutz genug ist,
wenn du schamhaft deine Augen senkst?
Glaubst du ehrlich, daß das klug ist?
Aber bitte! wie du denkst –
Sucht dein Blick zu fliehen,
gut, es sei verziehen.
Sieh nur vor dich hin, auf meinen Fuß . . .
Der empfängt den Gruß.

Schöne Frauen kenn ich reichlich,
die ich mir gewogen weiß:
Du allein bist unvergleichlich,
ohne daß ich mir darum das Maul zerreiß.
Adlig, wohlgeboren, reich von Ansehn
sind sie alle wie sie dastehn:
Jede eine Dame jeder Zoll –
Sie sind hochgestellt, doch du bist liebevoll.

Liebste, das will überlegt sein,
ob dir doch nicht was an mir gefällt.
Einsam und alleine aufgeregt sein
ist die dummste Sache von der Welt.
Liebe kann auf Erden
recht geteilt, verdoppelt werden.
Teilen wir, mein Liebchen, daß sie
durch zwei Herzen geh und jedes dritte laß sie.

Die eindeutige Zuordnung der «Mädchenlieder» an den turbulenten Hermannshof wird unsere von Literarsoziologie bislang noch reichlich unbeleckte Altherrengermanistik zusammenzucken lassen. Die scheinbar forcierte Hypothese gewinnt aber gleich an Wahrscheinlichkeit, wenn wir das herkömmlich hohe Minnelied – im Gleichtakt mit Wechsler und nachfolgenden Minnesoziologen – als Unterhaltungsgenre für ein vorwiegend weibliches Publikum einstufen. Nicht von ungefähr auch datiert die Minnekultur fast auf den Tag genau zwischen Beginn und Ausklang der Kreuzzüge. Erst vor dem Hintergrund solcher außen- und handelspolitischen Extravaganzen, die Fürsten, Ritter und höfisches Mannsvolk über Jahre hin außer Landes führten und die Höfe zu wahrhaftigen Weiberkolonien verwaisen ließen, konnte Minneschmacht überhaupt zu einem ständig nachgeforderten Reizartikel werden. Ganz anders dagegen die Verhältnisse am Hof des Thüringer Landgrafen. Hier treffen wir – die Helden sind gerade mal für einige Jahre kreuzzugsmüde! – gleich auf ein recht gemischtes Publikum mit einem außerordentlich gemischten Geschmacksleben. Hier geben die Herren den Ton an, ausgesucht schneidige Kavaliere und Potenzprotze, die sich die Anspielung auf ein nicht standesgemäßes Liebeserlebnis ganz gern gefallen lassen und bei denen die lyrische Schäferszene bestimmte erotische Alltagspraktiken widerspiegeln und nachmalen hilft. Der Dichter – wenn man ihm einen irdisch-gesellschaftlichen Sinn überhaupt noch zubilligen will – wird also von einem Leidengesellen

der verlassenen «frouwe» zu einem Mitwisser und Stimmungskumpan der Herren, was seine Gedichte keineswegs entsublimieren muß, was aber unverzüglich Blickrichtung, Themenwahl und Tonarten verändert.
Daß der Herr Walther am Hof des Thüringers nicht allzu lange warm wurde, hat seine spezifischen, spezifisch Waltherischen Gründe. Nach einer Auskunft Wolframs von Eschenbach soll Walther einmal gesungen haben «Seid mir gegrüßt, Ihr Grafen und Gesindel», was allerdings nicht auf eigene Mißgelauntheit schließen lassen muß. Kritisch wurde die Situation für den auf seinen Herrenruf Bedachten erst, als er eines Tages selber wie Gesindel behandelt wurde, das heißt, wie ein rechtloser Fahrensmann. Der Anlaß: ein Herr Gerhard Atze, ein Krawallritter, ziemlich genau auf den Geschmack des Thüringer Landgrafen zugeschnitten, *aber* eben auch ein richtiger echter Nobelmann, hatte sich einen Spaß daraus gemacht, das Reitpferd des Herrn Walther abzuschießen, vermutlich nur aus Herrenjux und Junkerdollerei. Da der Dichter bei einem von ihm angestrengten Prozeß um die Gleichheit vor Gericht bangen mußte, versuchte er seinen Regreßforderungen mit allen Mitteln literarisch-juridischer Beweisführung Nachdruck zu verleihen. Sein polemisch pointiertes Plädoyer gegen den Hochgestellten erscheint dabei nicht nur frech und gewagt; es ist von glänzender forensischer Spitzfindigkeit und dialektischem Raffinement.

18 Mir hat Herr Gerhard Atze ein Pferd
zu Eisenach erschossen.
Der Herr, in dessen Dienst wir stehn,
soll über den Fall befinden.
Es war drei Batzen Silber wert:
sieh einer diese Possen,
wie *er*, wo wir zur Kasse gehn,
versucht, sich rauszuwinden.
Mein edler Renner wäre
verwandt mit jener Mähre,
die ihm, bei seiner Ehre,
den Finger abgebissen.
Bei solchem Ehrabschneiden
will ich mit meinen beiden
Händen sogleich beeiden:
daß sein und mein Pferd sich in allem unterscheiden.
Wer steht mir bei und bürgt für mein Gewissen?

Der Inhalt des Gedichtes, bei dessen Übersetzung ich seinem argumentativen Witz zuliebe, ein wenig ins vorgegebene Zeilengefüge eingreifen mußte, dürfte klar geworden sein. Der Herr Atze rechtfertigt seine Pferdeschlächterei als einen Akt der Notwehr, da ihm das tollwütige Untier in die Hand gebissen habe. Im Gegenzug bestreitet Walther jegliche Identität der beiden Tiere, des braven Nobelpferdes, das ihm gehörte und jenes bösartigen Biestes, das den Ritter molestiert habe. Seine Bitte um Rechtsbeistand spitzt sich dabei auf den glanzvoll paradoxalen Schluß zu, daß ein Mann, dem ein Schwurfinger fehle, wohl nicht mehr ganz eidestüchtig sei. Wie zweischneidig-schneidig solche Art der Beweisführung immer geklungen haben mag, dem in unglücklichen Rechtshändeln bereits Geübten brachte sie die verlorene Fortüne nicht zurück; Grund für den Geschädigten, sich an dem Rechtsgegner mit einem Couplet schadlos zu halten. Die dialogisch angelegte Tendenzposse zeigt eine Ich-Person, demonstrativ als «Herr» betitelt, im Zwiegespräch mit einem Knappen Dieterich. Zielscheibe des Spottes: «Ein Untier namens Atze», was nach dem Wortgebrauch der Zeit eine eingedeutschte Bezeichnung für den Asinus, den Esel war.

19 Reit zu Hofe, Dieterich!
«Ich kann nicht, Herr!» – Was hindert dich?
«Mir fehlt ein Pferd, um drauf zu reiten.»
Ich leih dir eins, willst du es sehn?
«Phantastisch, Herr, dann möcht es gehn.»
Halt, einen Augenblick, es gibt zwei Möglichkeiten:
Möchtest du lieber eine goldgezäumte Katze?
Oder ein Untier namens Gerhard Atze?
«Himmel, und fräß es Heu, das wär doch mal ein Pferd!
Wie es die Augen rollt in seinem Affenkopf
und rumstelzt wie ein Wiedehopf:
Gebt mir den Atzen, Herr, es ist den Spaß mir wert.»
Nungut, beweg dein Bein, geh hübsch allein,
weil du den Esel Atze hast begehrt.

Der Gegner scheint zu fest im Sattel gesessen zu haben, als daß solche magischen Entstellungsstrophen ihm hätten schaden können. Wieder einmal ins Unrecht gesetzt worden war hingegen der Poet, und da ihm kein angemessener Ersatz geleistet wurde, muß er den Thüringer Hof dann ziemlich brüsk verlassen haben. Nicht ohne Hintanlassung eines wirkungsvollen Protestsongs, versteht sich, denn wie gefällig er sich auf dem Gebiet des konventionellen Huldigungsgedichts zu bewegen verstand, so gewaltig lief er zu unnachahmlicher Hochform auf, wenn er sich gekränkt, benachteiligt, hintangesetzt oder in seiner Herrenehre beeinträchtigt fühlte.

20 Wer etwa an zu feinen Ohren leidet,
dem sei geraten, daß er Thüringen vermeidet:
möglich, daß er dortselbst total ertaubt.
Ich habe mitgehalten bis zum Gehtnichtmehr:
Ein Haufe zieht hinaus, ein anderer kommt her,
so Tag wie Nacht, bis man zu taumeln glaubt.
Der Landgraf ist von solcher Art,
daß er zuletzt an seinen lieben Helden spart,
jeder für sich ne Zirkusnummer wert.
Ich kenne seinen ausgesuchten Stil:
Für eine Fuhre Wein sind tausend Pfund ihm nicht zuviel:
Hauptsache, daß sich nie der Becher lehrt.

Die Auslassungen waren ungezogener als sie sich heute anhören mögen. Worum es ging: den Thüringerhof als Musenzentrum abzuqualifizieren und den sich in seinem Mäzenatenruhm sonnenden Hermann als Saufgenie und Radaubruder anzuschwärzen. Zur aktuellen Verstimmung kommt noch eine allgemeinere hinzu: die Besorgnis des temperamentvollsten Innovators der mittelhochdeutschen Lyrik allmählich ein wenig démodé und außer Kurs geraten zu sein. Obwohl Walthers Meriten zweifellos vor allem auf den randständigen Gebieten der Polemik *und* des «niederen» Liebeslieds zu suchen sind, zielte sein gesellschaftlicher Ehrgeiz entschieden auf eine Stelle bei Hof und auf einen anerkannten Rang als befugter Sangesmeister. So ist es nicht verwunderlich, wenn er immer wieder einmal in der österreichischen Residenz vorbeispricht – der Stätte seiner Jugendtriumphe und seiner ersten großen Auftritte vor einem erlesenen Publikum. Ein neuer Versuch – jetzt wohl schon in Klosterneuburg – scheint denn auch alle günstigen Voraussetzungen zu haben. Da Walthers Altrivale Reinmar von Hagenau – um das Jahr 1210 – verstorben ist, packt der ewige Prätendent die Gelegenheit beim Schopfe, sich der Gesellschaft als geeigneter Nachfolger zu empfehlen: mit einer reichlich zwielichtigen Totenklage, die den Keim zu neuen Zerwürfnissen leider bereits wieder in sich trägt.

21 Reinmar, führwahr, dein Tod stimmt mich solenn.
Mehr als es dich getroffen hätte, wenn
du lebtest und mit mir wär es zu Ende.
Verzeihst du einmal einen offnen Ton?

Schmerzlicher als der Hingang der Person
ist der der Kunst, der ich mein Beileid spende.
Sie nahm der Welt so manche trübe Last,
wo du dich auf dein Bestes eingelassen hast.
Den Worten traure ich, den süßen Weisen hinterher.
Warum dies plötzliche Vondannenrennen?
Hättest du nicht noch etwas warten können,
bis ich Gesellschaft leistete? Lang sing ich auch nicht mehr.
Dank deinem Sang und deiner Seele Unbeschwer.

Es wird alles beides nicht gefallen haben, weder die über den Tod hinaus lebendig gebliebene Personalpolemik, noch die Einmahnung der alten Sangestraditionen. Auch in Klosterneuburg ist mittlerweile die Kunstwetterlage umgeschlagen, und seit dem Ableben der Herzoginwitwe Helene († 1199) denkt man in Dingen höfischer Liedsitten sehr viel liberaler und nicht mehr eng-traditionell. Neue Tonlagen und Sangesweisen sind in Mode gekommen. Vom nahen Bayern her haben irritierend komische Coupletformen auch auf die österreichische Minneszene übergegriffen, die «Sommer- und Winterlieder» eines Herrn Neidhart von Reuental, in denen höfische Standards und buntes Bauerntreiben seltsam travestierend miteinander vermengt werden. Die neue Dekadenz gefällt sich aber gerade in solchen unverbindlich-amüsanten Rollenspielen, mit denen verglichen Walthers starre Rollenauffassungen und Anciennitätsansprüche fast schon antiquiert wirken.
Nimmt man Literatur (unter anderem!) als eine Möglichkeit, auf den Zustand einer Klasse zu erkennen, dann waren Neidharts Kulissenzaubereien gewiß der modernere Zeitanzeiger. Ein Klassen- und Standeskritiker, gar ein Sozialanwalt der sich Bahn brechenden Unterschichten war dieser Zyniker auf keinen Fall. Im Gegensatz zu Walther, der immerhin und selbst in seinen frechsten Protestgesängen als Sittenrichter, Sittenscheider und Gesittungsermittler aktiv wird, scheint Neidhart der ewig positions- und meinungslose Gaukler, der über den Vormarsch neuer sozialer Stände und über den Verfall der ritterlichen Standeskultur hinwegpfeift, als wäre das ganze gesellschaftliche Schichtenbeben nur ein Witz. Dem Vogelweider muß er wie ein wahrhaftiger Blödelautor vorgekommen sein, niemals und nirgends bei einem ernstgemeinten Satz zu packen und jedes Problem in Drollerie und Dalberei ertränkend. «Ôwê hovelîches singen, / daz dich ungefüege dône / solten ie ze hove verdringen», so beginnt eines der charakteristischen Trutzlieder des Minneveteranen, in denen er sich gegen Konkurrenzen einer bislang unbekannten Qualität zur Wehr setzt.

22 Nerventöter, Ruhestörer,
wahrlich, davon gibt es Massen.
Mehr als aufgeschloßne Hörer,
die sich davon bluffen lassen.
In der Mühle – ach, wie unbedarft! –
kann man nicht Erhörung heischen:
wo die Steine knirschen, Räder kreischen,
seht: wer dort sein Liedchen harft.

In einem täuschte sich der Sänger oder versuchte, die angesprochene Gemeinde darüber hinwegzutäuschen: der Harfner in der Mühle, Herr Neidhart von Reuental, der Bauernfreund oder Bauernfeind jenachdem, hatte das Ohr des Hofes gefunden, das sich dem Anwalt des «hôvelîchen singens» mehr und mehr verschloß. Die feine Hofgesellschaft, die er selbst einmal zum Kunstrichtertum bestellt und in deren Beifällen er sich gesonnt hatte, hatte sich von ihm abgekehrt. Zum erstenmal weiß er allen Ernstes nicht mehr, für wen, welchen Stand, welche Schicht er überhaupt noch produziert – ein Dilemma, das der nicht nur außer Mode, sondern bereits ein wenig in die Jahre Gekommene noch einmal mit Vortragsreisen durch die Provinz zu lösen sucht. Seines berühmten Namens wegen nimmt man ihn hier und dort auf, freilich immer nur für kurz und im Verein mit allerhand anderem reisigen Volk, von dem er sich distanzieren mag, mit dem zusammen er oft schon am nächsten Tag vor die Tür gekehrt wird. Darin kann und mag man Tragik sehen, wäre Tragik nicht immer die wohlfeil-fatale Entschuldigung, wo Schuldsprüche zu fällen sind. Auch die mittelalterliche Hochgesellschaft war schon Wegwerf-Society, die weniger auf Kultur reflektierte als auf Szene, und der die Anstöße und Erfindungen von gestern nicht einmal ein Gnadenbrot wert waren.

23 Wäre mir vergönnt, daß ich die Rosen
einmal noch mit meiner Liebsten bräche,
finge ich sie in den schwerelosen
Netzen weltvergeßner Zwiegespräche.
Käm ihr roter Mund zu meinem Munde
nur für eine Stunde,
wie ich mich auf ewig seligspräche.

Ach, was soll das Schwärmen, was das Singen?
Lack und Glanz? Ein schönes Frauenbild?
Seit die Übel sich dem Recht verdingen

und Begeisterung für blöde gilt,
seit man Treue, Würde, Edelmut
roh beiseite tut,
brennt mein Glücksverlangen ungestillt.

Bemerkenswert dabei, daß Walther die eigene soziale Identität nur immer im Anschluß an die höheren und höchsten Kreise sucht und die Gemeinschaft mit seinen tatsächlichen Standes- und Innungsgenossen wie einen Makel verabscheut. Von seiner Produktionsweise und seinen Vertriebsmethoden her ist er ja wirklich nichts Besseres als ein lyrischer Wanderarbeiter. Als herumziehender Schausteller und Selbstanbieter teilt er die finanzielle und existentielle Unsicherheit des letzten Wanderfiedlers, Zauberkünstlers oder Kontorsionisten. Tragisches Versagen wäre also allenfalls in einer fundamentalen Status-Verkennung des abgesunkenen Hochkünstlers zu sehen. Daß er uns dennoch nie als ein Ritter von der traurigen Gestalt erscheint, hängt wohl vor allem mit seinem unbändigen und durch nichts zu entmutigenden Temperament zusammen, das uns selbst dort noch imponiert, wo der Dichter sich, hochfahrend und abweisend, gegen die niedergestellten Konkurrenten wendet: die «unhöveschen», wie sie seinerzeit hießen.

24 Uns ärgert ein gewisses Pack:
wer schafft es uns vom Hofe?
In seiner Mitte hat ein Mann
von Bildung keinen Platz.
Die Schnauzen plappern Nacht und Tag;
singt jener seine Strophe,
egal wie gut er's bringen kann,
man fällt ihm in den Satz:
«Ich und du und noch ein Tor,
wir schrein ihm unser Lied ins Ohr,
so laut wie nie ein Mönch im Chor
etwas zum Besten gab.»
Ich mein, des Meisters Weisen
soll man verständig preisen,
den Strolch vondannen weisen –
Hier bricht mein Singen ab.

Schmähsprüche als Wegmarken, Pamphlete als Reiseandenken, Herrenschimpf und Bauernschelte als Dokumente von flüchtigen Aufenthalten und Lebensstationen – so sah sie aus, die Wanderschaft des Herrn Walther von der Vogelweide, die der deutschnationale Ideologieunterricht des neunzehnten Jahrhunderts zu einer rosenseligen Cavalierstour umlügen mußte, weil er anders an Schuldsprüchen nicht vorbeigekommen wäre. Der Dichter selbst, und das war vermutlich sein Überlebensmittel, tat sich mit Schuldzuschreibungen nicht so heikel. Vor seinen Ausfällen und einprägsamen Satiren war keiner sicher, vor allem die Geistlichkeit nicht, egal, ob es gerade grölende Mönche, knausrige Äbte oder geldsäckelnde Päpste waren. Aber soweit sind wir noch nicht, das heißt, noch nicht bei der Finanzpolitik des Papstes Innozenz III. Eine mögliche Zwischenstation kann das Zisterzienserkloster Toberlû (heutiges Dobrilug) gewesen sein, wo dem Wanderdichter wohl auch nur Fastenspeise vorgesetzt wurde, dann die Residenz des Meißner Marktgrafen Dietrich.

Ob Meißen für den Poeten ein Abstieg war, wie manche Forscher meinen, ob ein Entwicklungshöhepunkt, wie andere erkennen möchten, wage ich nicht zu entscheiden. Meißen in jedem Fall war ein Einschnitt, ein kurzer Zeitraum der Zeitlosigkeit und der trügerischen Ruhe, und das nun nicht, weil *wir* die Zukunft von gestern leicht aus dem Kopf hersagen können, sondern weil Walther zum ersten Male in einem sehr künstlichen, weit weltentrückten Spielreich zu entschwinden droht. «Traumliebe» und «Traumglück» hat man bezeichnenderweise einige herausragende Gedichte dieser seltsamen Latenzperiode benannt, ein sogenanntes «Halmorakel» («In einem zwîvellîchen wân») gehört wahrscheinlich auch in die Zeit, vor allem dann ein Kunststück des Namens «Hildegunde» und ein Beispiel mittelhoch virtuoser Lautpoesie, nachträglich als «Vokalspiel» betitelt. Ein Gedicht wie dies, das Strophe für Strophe die ganze Selbstlautkette durchreimt, muß wohl für immer unübersetzt bleiben. Es besteht aus jenem einmaligen Stoff, das man entsubstantiierte Form nennen kann oder auch artistisch verpfriemeltes Kunstgewerbe – es ist im großen und ganzen weit weniger kunstvoll, als der nicht praktizierende Ästhet sich einbildet, weshalb wir in unserem Zusammenhang auch nur die letzte Strophe zum Besten geben wollen.

25 Ich bin verlegen als Êsâû:
mîn sleht hâr ist mir worden rû.
süezer sûmer, wâ bist dû?
jâ saehe ich gerner veltgebû.
ê deich lange in selher drû
beklemmet waere als ich bin nû,
ich wurde ê münch ze Toberlû.

Wo wir dennoch so etwas wie einen Inhalt extrahieren möchten, könnten wir vielleicht sagen: der Mann fühlt sich in seinem kunstgeblasenen Glaskäfig wie im Exil, er hat sich gefährlich in die Klemme gereimt und – nehmen wir den süßen Sommer mal getrost als Symbol und den Esau als allegorische Entfremdungsfigur – würde die Weltabgeschiedenheit des Zisterzienser-Klausners bald dem eigenen Quarantänedasein vorziehen. Daß das Ausbruchsgelüst ernster zu nehmen war als das muntere Glasperlenspiel erkennen läßt und der Übergang vom selbstgenügsamen Kunststück zum Tendenz- und Zeitgedicht nur ein Problem der energischen Umorchestrierung, sollte bereits die nächste Zukunft zeigen. Scheinbar unvermittelt, gleichwohl durch einen uns nicht unbekannten Mittelsmann weitergereicht – wir sprechen von dem Meißner Kleinkunstmäzen – landet der Dichter von einem Tag auf den anderen wieder in der großen Reichs- und Weltpolitik.
Um uns auf Walthers neue Rolle einzustimmen, bedarf es eines kurzen Exkurses in die Zeitereignisse. Am 21. Juni des Jahres 1208 war der eine deutsche Teilkönig, der staufische Philipp von Schwaben, von einem privaten Gegner ermordet worden. Das hatte für das von Herrschaftskrisen und dynastischen Konkurrenzkämpfen zerrüttete Reich immerhin den Vorzug, daß es sich jetzt auf *einen* Thron und *eine* Krone einschwören konnte: den Welfen Otto IV. Auch der zeitweilig bis zur Grenze des Zynismus taktierende Papst Innozenz III., der vorher mal den einen König exkommuniziert, mal seinen Widerpart mit dem Bann belegt hatte, beugte sich eilends der Macht des Faktischen und richtete seine neue Politik gezielt auf den *einen* Otto aus. Nur daß sich Otto IV. unversehens selbständig machte und sich im imperialen Alleingang durch das immer abfallbereite Südreich bewegte. Als Innozenz fürchten mußte, daß der Welfe im Gegensatz zu früheren Versprechungen doch wieder nur mit den alten Großraumideen ernst machen wollte und bei seiner Neuvermessung des Reiches schließlich nach Unteritalien vorstieß, verhängte er am 18. November 1210 den Bann gegen den inkommoden Kaiser. Die Lage war für Otto insofern etwas prekär, als im fernen Palermo immer noch ein staufischer Kronprätendent parat stand, der junge König Friedrich von Sizilien, einziger Sohn des letzten deutsch-römischen Kaisers Heinrich VI. Genau dessen Sache begann nun aber der Papst zu betreiben. Das zu erwartende Ergebnis: die beutegierige und lehenserpichte deutsche Fürstenschaft spaltete sich abermals in zwei Parteien, sodaß Otto sein Italienunternehmen auf der Stelle abbrechen mußte. Anfang des Jahres 1212 rauschte er mit voller Heeresmacht gen Norden, beraumte auf der Stelle einen außerordentlichen Fürstentag ein und zählte am 18. März in Frankfurt die ihm verbliebnen

Getreuen durch. In dem immer noch beachtlichen Sympathisantenkreis unter anderen: der altwelfisch gesonnene Markgraf Dietrich von Meißen *und* sein zeitweiliger Brotgänger, der Poésie-pure-Souverän Walther von der Vogelweide.
Daß der Markgraf den Dichter so nah bei sich führte, hatte Gründe. Wo sich im Reich schon allzu vieles nicht mehr zusammenreimte, hatte der Poet die Aufgabe, die desolaten Verhältnisse im deutschen Fürstenlager wieder in ein gefälliges Licht zu rücken und die oberste Majestät insbesondere der Gefolgschaftstreue des Meißners zu versichern. Daß auch der Meißner nur ein geschätztes Feigenblatt der Fürstengilde war und der Dichter sein gewandter Blumenarrangeur, soll uns im Augenblick nicht weiter behelligen. Wichtiger scheint, daß Walther das gebotene Sprungbrett sogleich in seinem eigenen Interesse nutzte und sich dem Welfen-Otto als gelernter Herrschaftspropagandist zur Verfügung stellte. Damit steht der ehemals entschiedene Parteigänger der staufischen Dynastie zum erstenmal mit beiden Beinen voll im Welfenlager. Gleichzeitig mit diesem seinem Positionswechsel sind aber auch thematische Umstellungen verbunden, die nicht nur für den Dichter selbst, sondern für die gesamte deutsche Tendenzpoesie neu, unerhört und bis in unsere anstehende Gegenwart hinein vorausweisend sind: der Kampf gegen die Kurie und deren multinationale Finanzpolitik. Wenig wunderlich scheint, daß Innozenz III., der zuerst den welfischen Otto krönte und nun wieder den biegsamer scheinenden Staufer subventioniert, für unseren Reichs-Walther der Herr allen irdischen Unfriedens ist. Die volle poetische Wut des Sängers entfaltet sich allerdings erst, als der Papst zu einer Spendenaktion für einen neuen Kreuzzug aufruft, und als die Sammelbüchsen für den heiligen Zweck an allen Kirchpforten des Reiches aufgestellt werden. Das heißt, genau mit dem Moment, wo das leidige Thema Geld ins Spiel kommt und der in zahlreichen fetten Klöstern lieblos abgespeiste und gedemütigte Dichter die vielen schönen Glaubensgroschen ins Ausland abrollen sieht, ist für den lyrischen Gelegenheitsarbeiter ein kritischer Punkt erreicht.

26 Eijei, wie christlich sich der Papst vor Lachen biegt,
Wenn er den Welschen sagt: «das hab ich hingekriegt!»
(Was schon verrucht wär, wo es einer denkt)
«Ich hab zwei Deutschen *eine* Krone aufgezwängt,
daß sie das Reich zerrütten und zerreißen.
Indessen laß ich meine Soldi kreißen.
Mein hungriger Opferstock, vor ihnen aufgestellt,
schlägt sich die fromme Wampe voll mit deutschem Geld.

Eßt Hühner, liebe Pfaffen, trinkt, was euch gefällt.
Die deutschen Laien mögen auf den Knochen beißen.»

Was wir bei Walther zur Kenntnis zu nehmen haben, ob es uns gefällt oder nicht, ist, daß sich politische Erwägungen oft auf ein sehr unscheinbares Privates reimen und – vice versa – die persönliche Malaise zu den höchsten Formen literarischer Zeitkritik führen kann. Damit wollen wir Walthers militanten Antipapismus gewiß nicht herabsetzen. Die Qualität seiner Anklagen und Verwünschungen zeigt fast schon reformatorischen Impetus. Die gesellschaftskritischen Blitze schießen auch weit über den Rahmen einer bloßen Auftragsarbeit hinaus. Wir müssen nur eben darauf gefaßt sein, daß sich bei diesem total von Herrengunst und Auftragslage abhängigen Zeitdichter das Politikum von einem Tag zum andern zum Privatissimum verkehren kann. Der Opferstockerlaß des Papstes datiert vom 22. April 1213 – nur ein kleines Stückchen weiter in der Zeit, vielleicht nur wenige Monate, und Walthers Sorgen sind wieder bei sich selber eingekehrt.

27 «Willkommen, Hausherr» – wenn man mich so anspricht,
muß ich passen.
«Willkommen, Herr Gast» – da muß ich viele Sprüche
spielen lassen.
Hausherr und Heimat sind zwei ehrenwerte Namen.
Fahrender Sänger, Freitisch – alles zuckt zusammen.
Ach, daß der Himmel mir nochmal vergönnte,
daß ich den Reisenden als Wirt begrüßen könnte.
«Heut dürft Ihr bleiben, morgen gehn», welche
Zigeunerei!
Dagegen: «Hier bist zu zuhause, sei so frei!»
Gast bringt wie Schachansage immer Ungemach:
Nehmt aus der Not mich, Herr, wie Gott Euch aus dem
Schach.

In seiner faktenprallen und beziehungsreichen Epochendarstellung «Deutsche Literatur im europäischen Mittelalter» schreibt Karl Bertau: «Kaiser Otto hatte mit dem schlimmen Stand seiner Schachpartie genug zu tun. Der Dichter war ihm egal.» Für uns, denen an dem ganzen historischen Zadder nur das Schicksal des Dichters interessant bleibt, ist festzuhalten, daß Walther mit seinem neuen Engagement anscheinend ein sinkendes Schiff bestiegen hatte. Trotz beachtlicher Anfangserfolge war Otto IV. bald in außenpolitische Händel verstrickt worden, die ihn innen- beziehungsweise reichspolitisch bis zur Handlungsunfähigkeit lähmten. Dagegen hatte der von ihm verhöhnte «Pfaffenkönig», der «Knabe aus Apulien», das «kint von Pülle» auf unerklärliche Weise die Alpen überwinden können, und die deutschen Landesfürsten waren ihm zugeströmt wie einem Wunderheiler. Verschwenderisch bis zur Unverantwortlichkeit, hatte der Staufer die ihm noch verbliebenen Reichsländereien unter die geldgeilen Herren weggeschenkt, sodaß ihm selbst zum Schluß fast nichts in der Hand blieb außer einem hohlen Rechtstitel; trotzdem bedeutete er die Macht und das Reich, ja, gerade dadurch, daß Friedrich die Herrschaft in bloßen schönen Schein aufgehen ließ und das Regnum irgendwo in den Wolken zwischen fürstlicher Territorialherrschaft und Papstgewalt ansiedelte, gelang es ihm, die notorisch mißtrauischen Landes- und Kirchenherren unter einen Hut, das heißt, unter seine Krone zu bringen. Als sich im Verlauf des Jahres 1213 dann sowohl der österreichische Leopold als auch der Meißner Dietrich für den Staufer entschieden, muß dem Dichter Walther von der Vogelweide ziemlich mulmig geworden sein. Im Gefolge des glücklosen Otto ohne jede Aussicht auf eine feste Bleibe oder Sinecure, dagegen mit seinem Kaiser automatisch in den Bann geraten und von allen Folgelasten der Exkommunikation bedroht, gerät er zusehends in den Sog einer seltsamen Introversionsmechanik, die man Laienfrömmigkeit oder auch mystische Kommunikationssehnsucht nennen kann, die wir aber lieber schlicht als Ausflucht nach innen bezeichnen möchten. Ihre poetischen Niederschläge, drusenhaft kristallin und in Walthers Produktionsspektrum (beinah!) einzig dastehend: religiöse Anbetungs- und Disputationsstrophen (Hinwendung an die Trinität, Lobpreis der Maria, Anrufung des Kindes, Beklagung der unchristlichen Weltzustände, Reumutsbekenntnisse, Bußgelübde und Gnadenersuchen), kunstvoll verflochten das alles zu einer zusammenhängenden Marien-Andacht von stark liturgischem Charakter: Walthers «Marien-Leich».

Das komplizierte und in seinen religionssoziologischen Aspekten noch ziemlich ungeklärte Versgewirk hat die moderne Walther-Forschung immer wieder zu den feinsten Strukturanalysen verlockt. Ungenügend erörtert blieb dabei eine augenfällige Banalität: die ganz enge formale Verwandtschaft mit den Meißner «Kunststücken», dem «Vokalspiel» sowohl wie einem wunderlich gauklerischen Minnechanson («Die mir in dem winter fröide hânt benomen»), einem literarischen Suchrätsel, das am Ende mehr verhüllt als es zu erkennen gibt. Nachdem der Dichter seiner Hoffnung auf Liebeserhörung wortreich Genüge getan und die Anwesenheit der Geliebten innigst herbeigesehnt hat, lüftet er am Schluß den künstlich geheim gehaltenen Namen seiner Angebeteten – es ist weder eine faßbare Hoheitsperson noch ein Landmädchen, noch auch die oft beschworene Frau Minne: es ist die auf «munde», «ûz von grunde» und «tiefiu wunde» reimende «Hiltegunde», kein Wesen aus Fleisch und Bein also, sondern eine literarische Fiktion, eine Hochgestalt aus der germanischen Heldensage: die Geliebte und Gattin des Westgotenkönigs Walther. So entkleidet sich schließlich die ganze vorgespiegelte Innerlichkeit als Witz und der scheinbar biedersinnige Entsiegelungsprozeß als Taschenspielerei. Es entkleidet sich freilich noch etwas anderes. Was als pures Vexierstück zu enden scheint – die Nachstellung eines klassischen Liebespaares – gibt sich ganz unfreiwillig als Entfremdungszeichen zu erkennen. Walthers Hoffnungen und Heilserwartungen, so lesen wir, erkennen wir, sind gar nicht mehr von dieser Welt. Sein lebenslang beschworener Zufluchtsort hat sich an einen Un-Ort, das heißt in die mythologische Utopie verlagert. Die inhaltslos gewordene Wirklichkeit erlaubt die Erfüllung von Harmoniewünschen nur noch in der Heldenlegende, in der Literatur, im alles verbindenden und Erwartung und Erfüllung zum Zusammenklang bringenden Reim. Genau an dieser Stelle haben wir nun aber auch den Punkt erreicht, wo das vokalische Murmelspiel und das litaneihafte Gemurmel des Leich, wo Hokuspokus und «hoc est corpus meum» unversehens zusammenfallen und Literaturreligion und Religionsliteratur fast austauschbar erscheinen.

Mînes herzen tiefiu wunde
diu muoz iemer offen stên, si enküsse mich mit friundesmunde.

mines herzen tiefiu wunde
diu muoz iemer offen stên, sie enheiles ûf und ûz von grunde.

mînes herzen tiefiu wunde
diu muoz iemer offen stên, sin werde heil von Hiltegunde.

–

sît got enheine sünde lât,

Die niht geriuwen zaller stunt
hin abe uns ûf des herzen grunt.
dem wîsen ist daz allez kunt,
daz niemer sêle wirt gesunt,
diu mit der sünden swert ist wunt,
sin habe von grunde heiles funt.

Da Formalitäten in der Literatur alles andere als Verschlußsachen sind, sondern verräterische Ausdrucksmittel, dürfen wir bei so engen formalen Entsprechungen auch auf verwandte Gemütsinhalte schließen. Sie heißen hier wie dort Mangel an gesellschaftlicher Wirklichkeit, Verlust an öffentlicher Resonanz und Kommunikation, nahezu kompletter Verzicht auf irdische Perspektiven und konkrete Hoffnungsanker. Was sich in Meißen bereits mit bedrohlicher Lustigkeit anzudeuten schien, die Lösung eines Zeitdichters aus allen relevanten Weltzusammenhängen, das steigert sich jetzt im welfischen Schatten-Imperium (um nicht zu sagen Schattenreich) zur vollkommenen Irrealität. Der von allen guten Herren und Herrinnen verlassene Dichter richtet seinen hoffnungsvollen Blick auf die allerhöchsten Herrschaften: nach der Heroine nun auf die Himmelskönigin.

Als der Ottonische Glücksstern sich weiter bedrohlich verdunkelte, muß Walther sich dann nach neuen realistischen Dienstverhältnissen umgesehen haben. In der Annahme, daß sich zumindest der Markgraf Dietrich noch gut an des Dichters Fürsprache auf dem Frankfurter Fürstentag erinnern würde, wendet er sich zunächst einmal nach Meißen. Vergeblich. Der Meißner, gerade eben selbst von den Welfen zu den Staufern konvertiert, fürchtete nichts so sehr, als an seine altwelfische Vergangenheit erinnert zu werden und verzichtete gern auf die ihm von dem Poeten in Aussicht gestellten Persilscheine. Walthers Reaktion: gereizte Larmoyanz, allerdings mit Untertönen jetzt einer gewissen Resignation: «Denn er ist leider nicht der Mann, / bei dem man Wandel hoffen kann, / Kommt, laßt den Karren fahren. / Vieles läuft sich fest, / was man so treiben läßt.»

Nicht viel glücklicher scheint ein Aufenthalt bei Herzog Bernhard von Kärnten ausgegangen zu sein, und vermutlich war es der durch ehrenrührige Entmutigungen reichlich enervierte Dichter selbst, der sich nach einer Zeit des guten Einvernehmens in eine neue leidige Affäre hineinritt. Um es so kurzweilig wie möglich zu machen: Der – auch nach den Leumundszeugnissen des Vogelweiders – keineswegs knausrige Hausherr hatte einen Kammerherrn angewiesen, dem Dichter neue Kleidungsstücke auszuhändigen. Obwohl ein passendes oder angemessenes Gewand anscheinend nicht aufzutreiben war, soll der «ungetreue» Höfling dem Herzog dann die Übergabe bestätigt haben, eine merkwürdige und reichlich unglaubwürdige Geschichte, die wir nur deshalb ernst nehmen wollen, weil sie uns ernsthaft an der Gemütsverfassung unseres Dichters zweifeln läßt. Ohne den mißlichen Vorfall angemessen zu recherchieren, richtet der Dichter Walther sogleich die heftigsten Angriffe gegen den nicht gerade gering gestellten Hofmann, bis eine

Kette von Beschuldigungen, Mißverständnissen und Fehlinformationen sich zu einer Haupt-und-Staatsaktion ausweitet und der Beschuldiger schließlich die gesamte Camarilla am Hals hat. Einen Eindruck von Walthers offensichtlich überreizter Verfassung mag uns das erste Schmähgedicht vermitteln, in dem der dichtende Gast den herzoglichen Hofrat des Betrugs bezichtigt.

28 Sei wer er sei, wer mir Geschenktes vorenthält
und seinem Herren Lügen unterstellt,
dem wünsch ich, daß ihm beim Kotau der Steiß zerspellt;
er sei denn gar so hoch, im Rat zu sitzen:
dann wünsch ich, daß die Lüge ihm die Zunge lähmt.
Bei solchen Räten werden Biedermänner unverschämt.
Auch schlaue Lügen zähl ich nicht mehr zu den Witzen.
Ich rate diesen Räten, daß sie ehrliches Vertrauen
nicht untergraben sollten, sondern unterbauen.
Rechtzeitig geben lernen, eh wir lernen, auf den Putz zu hauen.

Auf welchen verschlungenen Pfaden des Reiches genialste Schandschnauze schließlich doch noch in die Nähe des staufischen Friedrich fand, wissen wir nicht. Wir können aus literarischen Zeugenaussagen aber sehr wohl entnehmen, daß sich der Dichter mit dem nochmaligen Parteiwechsel bedeutend schwerer tat als die opportunistischen und an so Luxusfragen wie Gesinnungsskrupeln herzlich desinteressierten Potentaten, daß er sich dann aber auch mit einem letzten furiosen Gewaltschwung auf die politische Bühne begab. Überschäumend sein Haß auf den zahlungsunwilligen Otto. Bis zur Wut gesteigert die Scham, sich für einen Unwürdigen verwendet zu haben. Bei aller Liebedienerei bravourös seine Demutsakrobatik vor dem jungen Friedrich.

29 Ich wollt Herrn Ottos Würde nach der Leibeslänge messen:
Da war ich aber einem falschen Maßstab aufgesessen;
Mit Löffeln hat er Großmut nicht gefressen.
Schnell maß ich, umgekehrt, den Leib nach dem Charakter.
Wie er da runterflackerte, ein armes Dreierlicht,
an Edelmut ein Wicht,
und wird auch nicht mehr größer, nur betagter.
Nun hielt ich meine Elle an das Stauferhaus:

Der junge König – eh! – wie legt er aus!
Und der wird weiterwachsen, riesig, über jedes Maß hinaus.

30 Ich hatt' Herrn Ottos Wort, er möcht mein' Dienst nicht missen.
Reich machen wollt er mich und hat mich angeschissen.
Wofür mich Friedrich lohnt, möcht mancher wissen;
zu fordern hab ich von ihm nicht die Bohne.
Möglich, daß ihn ein alter Spruch bewog,
den einst ein Vater seinem Sohn beibog:
Diene dem ärgsten Mann, daß dich der beste lohne.
Ich bin der Sohn, Herr Otto, Ihr der Übelmann,
der schlimmste, den ich je zum Herrn gewann.
Mit Gott, Herr König, nehmt nun Ihr den Preis des besten an.

Das war ein wenig mit der Wurst nach dem Schinken geworfen, denn daß der Staufer zu diesem Zeitpunkt schon so etwas wie einen größeren Gnadenerweis in Aussicht gestellt hätte, scheint mehr als fraglich. Nehmen wir die freundlichen Vorausahnungen am besten als einen Akt von selffulfilling prophecy, nebst – so muß man es wohl auffassen – demonstrativem Geschepper mit dem alten polemischen Besteck. Leider müssen wir annehmen, daß der apulische Friedrich den starken Tobak gar nicht so recht würdigen konnte – er sprach vermutlich kein Mittelhochdeutsch. Da auch sein Büro nicht sogleich Wirkung zeigte, reichte der Dichter in der begründeten Furcht, er möge mißverstanden worden sein (es gehe keineswegs um Lob und Tadel allein, sondern ganz praktisch um Geld, ein Gütchen, eine Bleibe!) ein etwas förmlicher gehaltenes Bittschreiben nach, das der entwürdigenden Wahrheit vermutlich ein Stückchen näher kam.

31 Schutzherr von Rom, Apuliens König, zeigt Erbarmen,
wo man mich bei so reicher Kunst läßt so verarmen.
Und säße gern am eignen Herd im Warmen.
Heißa! wie ließen sich von dort aus Vögelchen besingen,
Heide und Blumen – frei wie dazumal!
Reichte mir eine Schöne den Pokal,
ich ließ ihr Lilienrosen aus der Hand entspringen.
Nun komm ich spät ans Tor und reite früh, weh, Fremder, weh!

Wer ein Zuhaus hat, der singt leicht vom hübschen Klee.
Neigt meiner Not Euch, edler Fürst, daß Eure Not
 vergeh.

Wer solcherart Fechten geht, der braucht sich um weitere Erniedrigungen nicht zu sorgen. Bevor wir nämlich in ein allgemein erlösendes «Ich hân mîn lêhen!» einstimmen können, haben wir zur Kenntnis zu nehmen, daß sich das Schicksal, vielleicht bloß die Ministerialen-Bürokratie, möglicherweise aber auch der Fürst persönlich noch einen besonders feinen Scherz für den Antragsteller ausgedacht hatte. Statt seine dringliche Eingabe ab- oder entweder den Dichter prompt und zügig zu belehnen, wählte man witzigerweise einen dritten Weg, den ich – der erstaunlichen Duplizität wegen – die Kierlinger Lösung nennen möchte. Sehr ähnlich wie der Österreichische Leopold dem Dichter eine nicht ernst zu nehmende Außenstelle als Sinecure anbot, weist man ihm auch von staufischer Seite her eine Unannehmbarkeit zu. Wie sie konkret zu veranschlagen war, können wir uns nur zurechtfabeln, da sich das Antwortgedicht des Vogelweiders auch bloß in Anspielungen ergeht. In seinen Walther-«Untersuchungen»» vermutet Carl von Kraus, daß es sich wohl um ein entlegenes Stück Land in Italien gehandelt haben müsse, dessen Naturalerträge dem aus Sprach- und Sangesgründen auf Deutschland angewiesenen Dichter praktisch nicht zugänglich gewesen wären. Und Wilmanns ergänzt, daß man den also Beschenkten bereits hochgenommen habe, den Zoll, den Kirchenzins und die Steuern betreffend, die wegen seines hübschen Tusculum noch auf ihn zukämen. Die Absurdität als das zu bezeichnen was sie wirklich war, eine Belehnung in Sankt Nirgendwo, habe ich mir das Scheinlehen als ein Stück Felseneiland vorzustellen herausgenommen, was der Wahrheit nahekommen könnte, als auch der Dichter nachdrücklich auf den beschwerlichen Transportweg aufmerksam macht.

32 Der König hat mir dreißig Silberlinge zugemessen:
die kann ich nicht verfrachten, noch verfressen,
ich soll sie mir als Zins aus Felsen pressen.
Groß ist die Ehre, doch der Wert nicht ganz geheuer.
Es ist nicht sichtbar, hörbar, nicht zu fassen:
Freunde, soll ich es nehmen oder fahren lassen?
Schon droht man mir mit Zoll und Kirchensteuer.
Der Pfaffen Fahnden stört mich nicht so sehr:
Die Kasse wird dadurch nicht minder leer.
Prüft hin, prüft her – es wird nicht mehr.

Daß der Dichter auf den fürstlichen Scherzartikel überhaupt so launig reagierte, hatte den einfachen Grund, daß weit und breit kein andrer Lehensherr zu entdecken war – Walthers Kandidatenliste war mittlerweile wohl auch ein wenig geschrumpft. Um nur ja nicht als Miesepeter oder Spielverderber zu erscheinen, schlüpfte er also nolens-volens in die von ihm erwartete Rolle als lustiger August, an sarkastischem Witz *und*, für ihn keine Alltäglichkeit, funkelnder Selbstironie nicht sparend. Nichtsdestoweniger ließ Würzburg (oder was immer der Bittsteller sich damals vorstellte) noch quälend lange auf sich warten. Von 1215 bis etwa zum Jahre 1218 muß sich die nervenaufreibende Prozedur noch hingezogen haben, genug Zeit, dem geistvollen Spötter seinen Humor nachhaltig auszutreiben. Nur noch einmal, nur anläßlich der Belehnung selbst, läßt Walther alle von ihm erwarteten Witz- und Freudenfunken schießen; ein ungetrübter Jubelruf ist diese lyrische Quittung trotzdem nicht, eher schon der Erlösungsschrei eines gerade noch eben Geretteten. Freilich, wo wir eingangs so ausgiebig bei der Geburt des Ich-Gesangs aus dem Geiste der Tragödie verweilten, müssen wir jetzt ergänzen, daß die Empfangsbestätigung der Altersversorgung die bishin unbekannte Kopplung des Personalpronomens mit dem Possessivpronomen darstellt.

33 Ich hab mein Lehen, Gottnochmal, ich hab mein Lehen.
Jetzt brauch ich nicht mehr furchtsam in den Frost zu sehen
und reichen Knickern um den Bart zu gehen.
Der gute König, milde König hat geruht, mich auszustatten.
Oh, meine Sommerfrische, du, mein warmes Winternest.
Wie jedermann sich davon imponieren läßt:
auf einmal bin ich nicht mehr dieser graue Trauerschatten.
Mein Los war dies: ich war zu lange blank.
Daß ich vor Mißgunst manchmal aus dem Rachen stank.
Heut kann ich wieder atmen, Friederich sei Dank.

Daß das Sein das Bewußtsein formt, ist ein Fundamentalsatz materialistischer Geschichtsauffassung und Gesellschaftsphilosophie – es ist die unsre – und, so für sich genommen, doch nur eine Erkenntniskrücke für die Erstklässler eines Literatur-und-Gesellschaft-Seminars. Das Sein kann nämlich so und so formen, und wie der Mangel an Besitz und Eigentum noch nicht unbedingt zu der erwünschten Sozialkritik führen *muß*, so wenig die Verleihung einer Sinecure in die erwartete Sorglosigkeit. Für Walther von der Vogelweide, bei dem sich der Zusammenhang von Wirtschaftsleben und Gedankentätigkeit gelegentlich auf den kruden Nenner «Der Lohn macht die Musik» bringen ließ, und der doch immer wieder gerade aus der Not seine Tugenden machte und den Versagungen ein äußerstes an künstlerischer Erfindungskraft entgegensetzte, bedeutete die endlich faßbar gewordene Unterhaltssicherung jedenfalls nicht Versinken in einem abgesättigten Rentnerdasein. Das letzte Lebensfazit heißt hier ja bedenklicherweise auch nicht Altersweisheit oder Abgeklärtheit. Die allerletzte Bilanz heißt Ekel. Weltekel. Lebensekel. Vanitas-Gefühle. Des Dichters immer sprungbereiter Enthusiasmus, der seine Poesie entgegen seinen Denkmalshütern erst überlebensfähig macht, eine unendlich gespannte Emotionalität und diese einzigartige Fähigkeit, sich hinreißen lassen zu können – zu Freudenausbrüchen oder Wutanfällen oder beides in einem – sie flappt am Ende zusammen wie ein angestochner Luftballon, und statt mit versöhnlichen Maßhaltesprüchlein entläßt uns der mittlerweile Fünfzigjährige mit der Bekundung einer schlechterdings untröstlichen Melancholie. Da wir auch sie noch als Hoffnungszeichen nehmen möchten, als Dokument einer allen bloßen Nützlichkeitserwägungen übergeordneten Wahrhaftigkeit, heben wir hervor, daß die Stabilisierung der eigenen Lebensverhältnisse nicht zu Sinnestäuschungen im Hinblick auf den allgemeinen Weltzustand führte. Die zerrüttete Harmonie der Gesellschaft anzuzeigen, war Walther einmal in die politische Arena getreten, und die Glaubwürdigkeit, fast möchte ich sagen, das dissidentische Trostversprechen seiner berühmten Alters-Elegie ist eben darin zu finden, daß auch sie die Einverständniserklärung kategorisch verweigert.

34 Wohin sind sie geflogen alle meine Jahr?
War mein Leben gelogen oder ist es wahr?
Was ich einst wähnte, es wäre – gab es das überhaupt?
Oder hab ich geschlafen und einem Traum geglaubt?
Nun bin ich aufgewacht und ist mir unbekannt:
Was mir so vertraut war wie meine Hand.
Land und Leute, wo ich meine Kindheit verbracht,
sehen mich an, als hätt ich sie mir nur ausgedacht.
Die sich meine Freunde nannten, sind blöde, sind alt.
Plattgewalzte Felder – gerodeter Wald . . .
Wenn da nicht noch Wasser strömte wo es immer floß,
wahrlich, mein Unglück schiene übergangslos.

Wieder ging einer vorüber, der wußte mal, wer ich war.
Die Welt ist allenthalben unberechenbar.
Manche schönen Tage gehen mir noch durch den Sinn
Wie ein Schlag ins Wasser sind sie dahin.

Immerdar oweh!

1 Ich saz ûf eime steine,
und dahte bein mit beine:
dar ûf satzt ich den ellenbogen:
ich hete in mîne hant gesmogen
daz kinne und ein mîn wange.
dô dâhte ich mir vil ange,
wie man zer welte solte leben:
deheinen rât kond ich gegeben,
wie man driu dinc erwurbe,
der keinez niht verdurbe.
diu zwei sint êre und varnde guot,
daz dicke ein ander schaden tuot:
daz dritte ist gotes hulde,
der zweier übergulde.
die wolte ich gerne in einen schrîn.
jâ leider desn mac niht gesîn,
daz guot und weltlich êre
und gotes hulde mêre
zesamene in ein herze komen.
stîg unde wege sint in benomen:
untriuwe ist in der sâze,
gewalt vert ûf der strâze:
fride unde reht sint sêre wunt.
diu driu enhabent geleites niht, diu zwei enwerden ê gesunt.

2 Nû wil ich mich des scharpfen sanges ouch genieten:
dâ ich ie mit vorhten bat, dâ wil ich nû gebieten.
ich sihe wol daz man hêrren guot und wîbes gruoz
gewalteclîch und ungezogenlîch erwerben muoz.
singe ich mînen höveschen sanc, sô klagent siz Stollen.
dêswâr ich gewinne ouch lîhte knollen:
sît si die schalkheit wellen, ich gemache in vollen kragen.
ze Ôsterrîche lernt ich singen unde sagen:
dâ wil ich mich allerêrst beklagen:
vind ich an Liupolt höveschen trôst, so ist mir mîn muot entswollen.

3 Swer mir ist slipfic als ein îs
und mich ûf hebt in balles wîs,
sinewell ich dem in sînen handen,
daz sol zunstæte nieman an mir anden,
sît ich dem getriuwen friunde bin
einlœtic unde wol gevieret.
swes muot mir ist sô vêch gezieret,
nû sus nû sô, dem walge ich hin.

4 Man hôhgemâc, an friunden kranc,
daz ist ein swacher habedanc:
baz gehilfet friuntschaft âne sippe.
lâ einen sîn geborn von küneges rippe:
er enhabe friunt, waz hilfet daz?
mâgschaft ist ein selbwahsen êre:
sô muoz man friunde verdienen sêre.
mâc hilfet wol, friunt verre baz.

in dem dône Ich wirbe umb allez daz ein man.

5 Ein man verbiutet âne pfliht
ein spil, des im ouch nieman wol gevolgen mac.
Er giht sowenne ein wîp ersiht
sîn ouge, daz si sî sîn ôsterlîcher tac.
Wie wære uns andern liuten sô geschehen,
suln wir im alle sînes willen jehen?
ich bin derz im versprechen muoz:
bezzer wære mîner frouwen senfter gruoz.
deist mates buoz!

«Ich bin ein wîp dâ her gewesen
sô stæte an êren und ouch alsô wol gemuot:
ich trûwe ouch noch vil wol genesen,
daz mir mit stelne nieman keinen schaden tuot.
swer küssen hie ze mir gewinnen wil,
der werbe ab ez mit fuoge und anderm spil.
ist daz ez im wirt sus iesâ,
er muoz sîn iemer sîn mîn diep, und habe imz dâ
und anderswâ.»

6 Mir ist verspart der sælden tor:
dâ stên ich als ein weise vor:
mich hilfet niht swaz ich dar an geklopfe.
Wie möht ein wunder grœzer sîn?
ez regent bêdenthalben mîn,
daz mir des alles niht enwirt ein tropfe.
Des fürsten milte ûz Ôsterrîche
fröit dem süezen regen gelîche
beidiu liute unt ouch daz lant.
er ist ein schœne wol gezieret heide,
dar abe man bluomen brichet wunder.
bræche mir ein blat dar under
sîn vil milte rîchiu hant,
sô möhte ich loben die lichten ougenweide.
hie bî sî er an mich gemant.

7 Liupolt ûz Ôsterrîche, lâ mich bî den liuten,
wünsche min ze selde, niht ze walde: ichn kan niht riuten:
si sehent mich bî in gerne, alsô tuon ich sie.
dû wünschest underwîlent biderbem man dun weist niht wie.
wünsches dû mir von in, sô tuost dû mir leide.
vil sælic sî der walt, dar zuo diu heide!
diu müezen dir vil wol gezemen! wie hâst dû nû getân,
sît ich dir an dîn gemach gewünschet hân,
und dû mir an mîn ungemach? lâ stân:
wis dû von dan, lâ mich bî in: sô leben wir sanfte beide.

8 Ez gienc eins tages als unser hêrre wart geborn
von einer maget dier im ze muoter hât erkorn,
ze Megdeburc der künec Philippes schône.
dâ gienc eins keisers bruoder und eins keisers kint
in einer wât, swie doch die namen drîge sint:
er truoc des rîches zepter und die krône.
er trat vil lîse, im was niht gâch:
im sleich ein hôhgeborniu küneginne nâch,
rôse âne dorn, ein tûbe sunder gallen.
diu zuht was niener anderswâ:
die Düringe und die Sahsen dienten alsô dâ,
daz ez den wîsen muoste wol gevallen.

9 Dô Friderich ûz Ôsterrîch alsô gewarp,
daz er an der sêle genas und im der lîp erstarp,
dô fuort er mînen krenechen trit in derde.
dô gieng ich slîchent als ein pfâwe swar ich gie,
daz houbet hanht ich nider unz ûf mîniu knie:
nû riht ich ez ûf nâch vollem werde.
ich bin wol ze fiure komen,
mich hât daz rîche und ouch diu krône an sich genomen.
wol ûf, swer tanzen welle nâch der gîgen!
mir ist mîner swære buoz:
êrste wil ich eben setzen mînen fuoz
und wider in ein hôhgemüete stîgen.

10 Ich bin nû sô rehte frô,
daz ich vil schiere wunder tuon beginne.
lîhte ez sich gefüeget sô
daz ich erwirbe mîner frowen minne,
seht sô stîgent mir die sinne
wol hôher danne der sunnen schîn. genâde, ein küniginne!

Ich ensach die schœnen nie
sô dicke, daz ich daz gen ir verbære,
mirne spilten dougen ie.
der kalte winter was mir gar unmære.
ander liute dûhte er swære:
mir was die wîle als ich enmitten in dem meien wære.

«Hœrâ Walther, wiez mir stât,
mîn trûtgeselle von der Vogelweide.
helfe suoche ich unde rât:
diu wol getâne tuot mir vil ze leide.
kunden wir gesingen beide,
deich mit ir müeste brechen bluomen an der liehten heide.»

Disen wünneclîchen sanc
hân ich gesungen mîner frowen ze êren.
des sol si mir wizzen danc:
durch sie sô wil ich iemer fröide mêren.
wol mac si mîn herze sêren:
waz danne, ob sie mir leide tuot? si mac ez wol verkêren.

Daz enkunde nieman mir
gerâten daz ich schiede von dem wâne.
kêrt ich mînen muot von ir,
wâ funde ich denne ein alsô wol getâne,
diu sô wære valsches âne?
sist schœner unde baz gelobet denne Elêne und Dîjâne.

11 Muget ir schouwen waz dem meien
wunders ist beschert?
seht an pfaffen, seht an leien,
wie daz allez vert.
grôz ist sîn gewalt:
ine weiz obe er zouber künne:
swar er vert in sîner wünne,
dân ist niemen alt.

Uns wil schiere wol gelingen.
wir suln sîn gemeit,
tanzen lachen unde singen,
âne dörperheit.
wê wer wære unfrô?
sît die vogele alsô schône
singent in ir besten dône,
tuon wir ouch alsô!

Wol dir, meie, wie dû scheidest
allez âne haz!

wie dû walt und ouwe kleidest,
und die heide baz!
diu hât varwe mê.
«dû bist kurzer, ich bin langer»,
alsô strîtents ûf dem anger,
bluomen unde klê.

Rôter munt, wie dû dich swachest!
lâ dîn lachen sîn.
scham dich daz dû mich an lachest
nâch dem schaden mîn.
ist daz wol getân?
owê sô verlorner stunde,
sol von minneclîchem munde
solch unminne ergân!

Daz mich, frowe, an fröiden irret,
daz ist iuwer lîp.
an iu einer ez mir wirret,
ungenaedic wîp.
wâ nemt ir den muot?
ir sît doch genâden rîche:
tuot ir mir ungenaedeclîche,
sô sît ir niht guot.

Scheidet, frowe, mich von sorgen,
liebet mir die zît:
oder ich muoz an fröiden borgen.
daz ir saelic sît!
muget ir umbe sehen?
sich fröit al diu welt gemeine:
möhte mir von iu ein kleine
fröidelîn geschehen!

12 Ir sult sprechen willekomen:
der iu mære bringet, daz bin ich.
allez daz ir habt vernomen,
daz ist gar ein wint: nû frâget mich.
ich wil aber miete:
wirt mîn lôn iht guot,
ich gesage iu lîhte daz iu sanfte tuot.
seht waz man mir êren biete.

Ich wil tiuschen frowen sagen
solhiu mære daz si deste baz
al der werlte suln behagen:

âne grôze miete tuon ich daz.
waz wold ich ze lône?
si sint mir ze hêr:
sô bin ich gefüege, und bite sie nihtes mêr
wan daz si mich grüezen schône.

Ich hân lande vil gesehen
unde nam der besten gerne war:
übel müeze mir geschehen,
kunde ich ie mîn herze bringen dar
daz im wol gevallen
wolde fremeder site.
nû waz hulfe mich, ob ich unrehte strite?
tiuschiu zuht gât vor in allen.

Von der Elbe unz an den Rîn
und her wider unz an Ungerlant
mugen wol die besten sîn,
die ich in der werlte hân erkant.
kan ich rehte schouwen
guot gelâz unt lîp,
sem mir got, sô swüere ich wol daz hie diu wîp
bezzer sint danne ander frouwen.

Tiusche man sint wol gezogen,
rehte als engel sint diu wîp getân.
swer si schildet, derst betrogen:
ich enkan sîn anders niht verstân.
tugent und reine minne,
swer die suochen wil,
der sol komen in unser lant: da ist wünne vil:
lange müeze ich leben dar inne!

Der ich vil gedienet hân
und iemer mêre gerne dienen wil,
diust von mir vil unerlân.
iedoch sô tuot si leides mir sô vil.
si kan mir versêren
herze und den muot.
nû vergebez ir got dazs an mir missetuot.
her nâch mac sie sichs bekêren.

13 Zwô fuoge hân ich doch, swie ungefüege ich sî:
der hân ich mich von kinde her vereinet,
ich bin den frôn bescheidenlîcher fröide bî,
und lache ungerne sô man bî mir weinet.

durch die liute bin ich frô,
durch die liute wil ich sorgen:
ist mir anders dann alsô,
waz dar umbe? ich wil doch borgen.
swie si sint sô wil ich sîn,
daz si niht verdrieze mîn.
manegem ist unmære.
swaz einem andern werre:
   der sî ouch bî den liuten swære.

Hie vor, dô man sô rehte minneclîchen warp,
dô wâren mîne sprüche fröiden rîche:
sît daz diu minneclîche minne alsô verdarp,
sît sanc ouch ich ein teil unminneclîche.
iemer als ez danne stât,
alsô sol man danne singen.
swenne unfuoge nû zergât,
sô sing aber von höfschen dingen.
noch kumpt fröide und sanges tac:
wol im, ders erbeiten mac!
derz gelouben wolte,
so erkande ich wol die fuoge,
   wenn unde wie man singen solte.

Ich sage iu waz uns den gemeinen schaden tuot.
diu wîp gelîchent uns ein teil ze sêre.
daz wir in alsô liep sîn übel alse guot,
seht, daz gelîchen nimet uns fröide und êre.
schieden uns diu wîp als ê,
daz si sich ouch liezen scheiden,
daz gefrumt uns iemer mê,
mannen unde wîben, beiden.
waz stêt übel, waz stêt wol,
sît man uns niht scheiden sol?
edeliu wîp, gedenket
daz ouch die man waz kunnen:
   gelîchents iuch, ir sît gekrenket.

Wîp muoz iemer sîn der wîbe hôhste name,
und tiuret baz dan frowe, als ichz erkenne.
swâ nû deheiniu sî diu sich ir wîpheit schame,
diu merke disen sanc und kiese denne.
under frowen sint unwîp,
under wîben sint si tiure.
wîbes name und wîbes lîp
die sind beide vil gehiure.
swiez umb alle frowen var,
wîp sîn alle frowen gar.

zwîvellop daz hœnet,
als under wîlen frouwe:
  wîp dêst ein name ders alle krœnet.

Ich sanc hie vor den frowen umbe ir blôzen gruoz:
den nam ich wider mîme lobe ze lône
swâ ich des geltes nû vergebene warten muoz,
dâ lobe ein ander, den si grüezen schône.
swâ ich niht verdienen kan
einen gruoz mit mîme sange,
dar kêr ich vil hêrscher man
mînen nac ode ein mîn wange.
daz kît «mir ist umbe dich
rehte als dir ist umbe mich.»
ich wil mîn lop kêren
an wîp die kunnen danken:
  waz hân ich von den überhêren?

14 Man seit mir ie von Tegersê,
wie wol daz hûs mit êren stê:
dar kêrte ich mêr dan eine mîle von der strâze.
ich bin ein wunderlîcher man,
daz ich mich selben niht enkan
verstân und mich sô vil an frömde liute lâze.
ich schiltes niht, wan got genâde uns beiden.
ich nam dâ wazzer:
alsô nazzer
muost ich von des münches tische scheiden.

15 Philippes künec, die nâhe spehenden zîhent dich,
dun sîst niht dankes milte: des bedunket mich
wie dû dâ mite verliesest michels mêre.
dû möhtest gerner dankes geben tûsent pfunt,
dan drîzec tûsent âne danc. dir ist niht kunt
wie man mit gâbe erwirbet prîs und êre.
denk an den milten Salatîn:
der jach daz küneges hende dürkel solten sîn:
sô wurden sie erforht und ouch geminnet.
gedenke an den von Engellant,
wie tiure er wart erlôst von sîner gebenden hant.
ein schade ist guot, der zwêne frumen gewinnet.

16 Wir suln den kochen râten,
sît ez in alsô hôhe stê
daz si sich niht versûmen,
daz si der fürsten brâten
snîden grœzer baz dan ê
doch dicker eines dûmen.
ze Kriechen wart ein spiz versniten:
daz tet ein hant mit argen siten
(sin möht ez niemer hân vermiten):
der brâte was ze dünne.
des muose der hêrre für die tür:
die fürsten sâzen ander kür.
der nû daz rîche alsô verlür,
dem stüende baz daz er nie spiz gewünne.

17 Bin ich dir unmære,
des enweiz ich niht: ich minne dich.
einez ist mir swære,
dû sihst bî mir hin und über mich.
daz solt dû vermîden.
ine mac niht erlîden
selhe liebe ân grôzen schaden:
hilf mir tragen, ich bin ze vil geladen.

Sol daz sîn dîn huote,
daz dîn ouge mich sô selten siht?
tuost dû daz ze guote,
sône wîze ich dir dar umbe niht.
sô mît mir daz houbet,
daz sî dir erloubet,
und sich nider an mînen fuoz,
sô dû baz enmügest: daz sî dîn gruoz.

Swanne ichs alle schouwe,
die mir suln von schulden wol behagen,
sô bist duz mîn frouwe:
daz mac ich wol âne rüemen sagen.
edel unde rîche
sint si sumelîche,
dar zuo tragent si hôhen muot:
lîhte sint si bezzer, dû bist guot.

Frowe, des versinne
dich, ob ich dir zihte mære sî.
eines friundes minne
diust niht guot, da ensî ein ander bî.
minne entouc niht eine,

si sol sîn gemeine,
sô gemeine daz si gê
dur zwei herze und dur dekeinez mê.

18 Mir hât hêr Gêrhart Atze ein pfert
erschozzen z' Isenache.
daz klage ich dem den er bestât:
derst unser beider voget.
ez was wol drîer marke wert:
nû hœrent frömde sache,
sît daz ez an ein gelten gât,
wâ mit er mich nû zoget.
er seit von grôzer swære,
wie mîn pferit mære
dem rosse sippe wære,
daz im den vinger abe
gebizzen hât ze schanden.
ich swer mit beiden handen,
daz si sich niht erkanden.
ist ieman der mir stabe?

19 Rît ze hove, Dietrich.
«hêrre, in mac.» waz irret dich?
«in hân niht rosses daz ich dar gerîte.»
ich lîh dir einz, und wilt dû daz.
«herre, gerîte al deste baz.»
nû stant alsô noch eine wîle, bîte.
wedr rîtest gerner eine guldîn katzen,
ald einen wunderlîchen Gêrhart Atzen?
«semir got, und æze ez höi, ez wær ein frömdez pfert.
im gênt diu ougen umbe als einem affen,
er ist als ein guggaldei geschaffen.
den selben Atzen gebet mir her: sô bin ich wol gewert.»
nû krümbe dîn bein, var selbe hein, sît du Atzen hâst gegert.

20 Der in den ôren siech von ungesühte sî,
daz ist mîn rât, der lâz den hof ze Dürengen frî:
wan kumet er dar, dêswâr er wirt ertœret.
ich hân gedrungen unz ich niht mê dringen mac.
ein schar vert ûz, diu ander in, naht unde tac.
grôz wunder ist daz iemen dâ gehœret.
der lantgrâve ist sô gemuot
daz er mit stolzen helden sîne habe vertuot,

der iegeslîcher wol ein kenpfe wære.
mir ist sîn hôhiu fuore kunt:
und gulte ein fuoder guotes wînes tûsent pfunt,
dâ stüende ouch niemer ritters becher lære.

21 Dêswâr, Reimâr, dû riuwes mich
michels harter danne ich dich,
ob dû lebtes und ich wær erstorben.
ich wilz bî mînen triuwen sagen,
dich selben wolt ich lützel klagen:
ich klage dîn edelen kunst, daz sist verdorben.
dû kundest al der werlte fröide mêren,
sô duz ze guoten dingen woltes kêren.
mich riuwet dîn wol redender munt und dîn vil süezer sanc,
daz die verdorben sint bî mînen zîten.
daz dû niht eine wîle mohtest bîten!
sô leiste ich dir geselleschaft: mîn singen ist niht lanc.
dîn sêle müeze wol gevarn, und habe dîn zunge danc.

22 Owê, hovelîchez singen,
daz dich ungefüege dœne
solten ie ze hove verdringen!
daz die schiere got gehœne!
owê daz dîn wirde alsô geliget!
des sint alle dîne friunde unfrô.
daz muoz eht alsô sîn: nû sî alsô:
frô Unfuoge, ir habt gesiget.

Swer uns fröide wider bræhte,
diu reht und gefüege wære,
hei wie wol man des gedæhte
swâ man von im seite mære!
ez wær ein vil hovelîcher muot,
des ich iemer gerne wünschen sol:
frowen unde hêrren zæme ez wol:
owê daz ez nieman tuot!

Die daz rehte singen stœrent,
der ist ungelîche mêre
danne die ez gerne hœrent:
noch volg ich der alten lêre:
ich enwil niht werben zuo der mül,
dâ der stein sô riuschent umbe gât
und daz rat sô mange unwîse hât.
merkent wer dâ harpfen sül.

Die sô frevellîchen schallent,
der muoz ich vor zorne lachen,
dazs in selben wol gevallent
mit als ungefüegen sachen.
die tuont sam die frösche in eime sê,
den ir schrîen alsô wol behaget,
daz diu nahtegal dâ von verzaget,
sô si gerne sunge mê.

Swer unfuoge swîgen hieze,
waz man noch von fröiden sunge!
und si abe den bürgen stieze,
daz si dâ die frôn niht twunge.
wurden ir die grôzen höve benomen,
daz wær allez nâch dem willen mîn.
bî den gebûren liez ich si wol sîn:
dannen ists och her bekomen.

23 Müeste ich noch geleben daz ich die rôsen
mit der minneclîchen solde lesen,
sô wold ich mich sô mit ir erkôsen,
daz wir iemer friunde müesten wesen.
wurde mir ein kus noch zeiner stunde
von ir rôten munde,
sô wær ich an fröiden wol genesen.

Waz sol lieblich sprechen? waz sol singen?
waz sol wîbes schœne? waz sol guot?
sît man nieman siht nâch fröiden ringen,
sît man übel âne vorhte tuot,
sît man triuwe milte zuht und êre
wil verpflegen sô sêre,
sô verzagt an fröiden maneges muot.

24 Uns irret einer hande diet:
der uns die furder tæte,
sô möhte ein wol gezogener man
ze hove haben die stat.
die lâzent sîn ze spruche niet:
ir drüzzel derst sô dræte,
kund er swaz ieman guotes kan,
daz hulfe niht ein blat.
«ich und ein ander tôre
wir dœnen in sîn ôre,
daz nie kein münch ze kôre
sô sêre mê geschrei.»

gefüeges mannes dœnen
daz sol man wol beschœnen,
des ungefüegen hœnen.
hie gêt diu rede enzwei.

25 Diu welt was gelf, rôt unde blâ,
grüen in dem walde und anderswâ:
kleine vogele sungen dâ.
nû schrîet aber diu nebelkrâ.
pfligt si iht ander varwe? jâ:
sist worden bleich und übergrâ.
des rimpfet sich vil manic brâ.

Ich saz ûf eime grüenen lê:
da ensprungen bluomen unde klê
zwischen mir und eime sê.
der ougenweide ist dâ niht mê.
dâ wir schapel brâchen ê,
dâ lît nû rîfe und ouch der snê.
daz tuot den vogellînen wê.

Die tôren sprechent snîâ snî,
die armen liute owê owî.
des bin ich swære alsam ein blî.
der wintersorge hân ich drî:
swaz der unt der andern sî,
der wurde ich alse schiere frî,
wær uns der sumer nâhe bî.

Ê danne ich lange lebt alsô,
den krebz wolt ich ê ezzen rô.
sumer, mache uns aber frô!
dû zierest anger unde lô:
mit den bluomen spilt ich dô,
mîn herze swebt in sunnen hô:
daz jaget der winter in ein strô.

Ich bin verlegen als Êsâû:
mîn sleht hâr ist mir worden rû.
süezer sumer, wâ bist dû?
jâ sæhe ich gerner veltgebû.
ê deich lange in selher drû
beklemmet wære als ich bin nû,
ich wurde ê münch ze Toberlû.

26 Ahi wie kristenlîche nû der bâbest lachet,
swenne er sînen Walhen seit «ich hânz alsô gemachet»!
(daz er dâ seit, des solt er niemer hân gedâht.)
er giht «ich hân zwên Allamân undr eine krône brâht,
daz siz rîche sulen stœren unde wasten.
ie dar under füllen wir die kasten:
ich hâns an mînen stoc gement, ir guot ist allez mîn:
ir tiuschez silber vert in mînen welschen schrîn.
ir pfaffen, ezzent hüenr und trinkent wîn,
unde lânt die tiutschen leien magern unde vasten.»

27 «Sît willekomen, hêr wirt», dem gruoze muoz ich swîgen:
«sît willekomen, hêr gast», sô muoz ich sprechen oder nîgen.
wirt unde heim sint zwêne unschamelîche namen:
gast unde hereberge muoz man sich vil dicke schamen.
noch müez ich geleben daz ich den gast ouch grüeze,
sô daz er mir dem wirte danken müeze.
«sît hînaht hie, sît morgen dort», waz gougelfuore ist daz!
«ich bin heime» ode «ich wil heim» daz trœstet baz,
gast unde schâch kumt selten âne haz:
nû büezet mir des gastes, daz iu got des schâches büeze.

28 Ein schalc, in swelhem namen er sî, der dankes triege
unde sînen hêrren lêre daz er liege!
erlamen müezen im die bein, swenn ers zem râte biege!
sî abe er sô hêr daz er zem râte sitze,
sô wünsche ich daz sîn ungetriuwe zunge müeze erlamen.
die selben machent uns die biderben âne schamen.
sol liegen witze sîn, sô pflegent si tugendelôser witze.
wan mugens in râten daz si lâzen in ir kragen
ir valsche gelübde od nâch gelübde niht versagen?
si solten geben ê dem lobe der kalc würd abe geslagen.

29 Ich wolt hêrn Otten milte nâch der lenge mezzen:
dô hât ich mich an der mâze ein teil vergezzen:
wær er sô milt als lanc, er hete tugende vil besezzen.
vil schiere maz ich abe den lîp nâch sîner êre:
dô wart er vil gar ze kurz als ein verschrôten werc,
miltes muotes minre vil dan ein getwerc;
und ist doch von den jâren daz er niht enwahset mêre.
dô ich dem künege brâhte daz mez, wie er ûf schôz!
sîn junger lîp wart beide michel unde grôz.
nû seht waz er noch wahse: erst ieze übr in wol risen genôz.

30 Ich hân hêrn Otten triuwe, er welle mich noch rîchen:
wie nam abe er mîn dienest ie sô trügelîchen?
ald waz bestêt ze lône des den künic Friderîchen?
mîn vorderunge ist ûf in kleiner danne ein bône;
ezn sî sô vil, obe er der alten sprüche wære frô.
ein vater lêrte wîlent sînen sun alsô,
«sun, diene manne bœstem, daz dir manne beste lône.»
hêr Otte, ich binz der sun, ir sît der bœste man,
wand ich sô rehte bœsen hêrren nie gewan:
hêr künec, sît irz der beste, sît iu got des lônes gan.

31 Von Rôme vogt, von Pülle künec, lât iuch erbarmen
daz man mich bî sô rîcher kunst lât alsus armen.
gerne wolde ich, möhte ez sîn, bî eigenem fiure erwarmen.
zâhiu wiech danne sunge von den vogellînen,
von der heide und von den bluomen, als ich wîlent sanc!
swelch schœne wîp mir denne gæbe ir habedanc,
der liez ich liljen unde rôsen ûz ir wengel schînen.
sus kume ich spâte und rîte fruo, «gast, wê dir, wê!»:
sô mac der wirt baz singen von dem grüenen klê.
die nôt bedenkent, milter künec, daz iuwer nôt zergê.

32 Der künec mîn hêrre lêch mir gelt ze drîzec marken:
des enkan ich niht gesliezen in der arken,
noch geschiffen ûf daz mer in kielen noch in barken.
der nam ist grôz, der nuz ist aber in solher mâze,
daz ich in niht begrîfen mac, gehœren noch gesehen:
wes sol ich danne in arken oder in barken jehen?
nû râte ein ieglich friunt, ob ichz behalte oder ob ichz lâze.
der pfaffen disputieren ist mir gar ein wiht:
si prüevent in der arken niht, da ensî ouch iht:
nû prüeven hin, nû prüeven her, son habe ich drinne niht.

33 Ich hân mîn lêhen, al die werlt, ich hân mîn lêhen.
nû enfürhte ich niht den hornunc an die zêhen,
und wil alle bœse hêrren dester minre flêhen.
der edel künec, der milte künec hât mich berâten,
daz ich den sumer luft und in dem winter hitze hân.
mîn nâhgebûren dunke ich verre baz getân:
sie sehent mich niht mêr an in butzen wîs als sî wîlent tâten.
ich bin ze lange arm gewesen ân mînen danc.
ich was sô voller scheltens daz mîn âten stanc:
daz hât der künec gemachet reine, und dar zuo mînen sanc.

34 Owê war sint verswunden alliu mîniu jâr!
ist mir mîn leben getroumet, oder ist ez wâr?
daz ich ie wânde ez wære, was daz allez iht?
dar nâch hân ich geslâfen und enweiz es niht.
nû bin ich erwachet, und ist mir unbekant
daz mir hie vor was kündic als mîn ander hant.
liut unde lant, dar inn ich von kinde bin erzogen,
die sint mir worden frömde reht als ez sî gelogen.
die mîne gespilen wâren, die sint træge unt alt.
bereitet ist daz velt, verhouwen ist der walt:
wan daz daz wazzer fliuzet als ez wîlent flôz,
für wâr mîn ungelücke wânde ich wurde grôz.
mich grüezet maneger trâge, der mich bekande ê wol.
diu welt ist allenthalben ungenâden vol.
als ich gedenke an manegen wünneclîchen tac,
die mir sint enpfallen als in daz mer ein slac,
iemer mêre ouwê.

Owê wie jæmerlîche junge liute tuont,
den ê vil hovelîchen ir gemüete stuont!
die kunnen niuwan sorgen: ouwê wie tuont si sô?
swar ich zer werlte kêre, dâ ist nieman frô:
tanzen, lachen, singen zergât mit sorgen gar:
nie kristenman gesach sô jæmerlîche schar.
nû merkent wie den frouwen ir gebende stât:
die stolzen ritter tragent dörpellîche wât.
uns sint unsenfte brieve her von Rôme komen,
uns ist erloubet trûren und fröide gar benomen.
daz müet mich inneclîchen (wir lebten ê vil wohl),
daz ich nû für mîn lachen weinen kiesen sol.
die vogel in der wilde betrüebet unser klage:
waz wunders ist ob ich dâ von an fröiden gar verzage?
wê waz spriche ich tumber durch mînen bœsen zorn?
swer dirre wünne volget, hât jene dort verlorn,
iemer mêr ouwê.

Owê wie uns mit süezen dingen ist vergeben!
ich sihe die gallen mitten in dem honege sweben:
diu Welt ist ûzen schœne, wîz grüen unde rôt,
und innân swarzer varwe, vinster sam der tôt.
swen si nû habe verleitet, der schouwe sînen trôst:
er wirt mit swacher buoze grôzer sünde erlôst.
dar an gedenkent, ritter: ez ist iuwer dinc.
ir tragent die liehten helme und manegen herten rinc,
dar zuo die vesten schilte und diu gewîhten swert.
wolte got, wan wære ich der segenunge wert!
sô wolte ich nôtic armman verdienen rîchen solt.
joch meine ich niht die huoben noch der hêrren golt:
ich wolte sælden krône êweclîchen tragen:

die mohte ein soldenære mit sîme sper bejagen.
möht ich die lieben reise gevaren über sê,
sô wolte ich denne singen wol, und niemer mêr ouwê,
niemer mêr ouwê.

Bibliografische Hinweise

I. Werkausgaben

Lachmann, Karl: Die Gedichte Walthers von der Vogelweide. Berlin 1827

Kraus, Carl von: Die Gedichte Walthers von der Vogelweide. 10. gründlich revidierte Ausgabe der Lachmann-Edition. Berlin 1936

Kuhn, Hugo: Die Gedichte Walthers von der Vogelweide. 13. neu bearbeitete Auflage der Lachmann-Kraus-Edition. Berlin 1965

Wilmanns, Wilhelm: Walther von der Vogelweide, herausgegeben und erklärt. Halle 1869 – 2. vollständig überarbeitete Auflage 1883

Michels, Victor: Walther von der Vogelweide, herausgegeben und erklärt von W. Wilmanns. Bd. 2 Lieder und Sprüche Walthers von der Vogelweide. Halle 1924 (Germanistische Handbibliothek I, 2)

Maurer, Friedrich: Die Lieder Walthers von der Vogelweide. Unter Beifügung erhaltener und erschlossener Melodien. Bd. 1: Die religiösen und die politischen Lieder. 3. Aufl. Tübingen 1967 (Altdeutsche Textbibliothek 43). Bd. 2: Die Liebeslieder. 3. Aufl. Tübingen 1969 (Altdeutsche Textbibliothek 47)

II. Übersetzungen

Böhm, Hans: Die Gedichte Walthers von der Vogelweide. Urtext mit Prosaübersetzung. Berlin 1944. 3. Aufl. 1964

Maurer, Friedrich: Walther von der Vogelweide – Sämtliche Lieder. Urtext mit Übersetzung und Einführung. München 1972 (Uni-Taschenbücher 167)

Simrock, Karl: Gedichte Walters von der Vogelweide, übersetzt von K. S. und erläutert von Wilhelm Wackernagel. Berlin 1833 – Neu hrsg. von Christian Morgenstern. Berlin 1906

Stapf, Paul: Walther von der Vogelweide. Sprüche. Lieder. Der Leich. Urtext mit Prosaübersetzung. Berlin–Darmstadt 1955 (Tempel-Klassiker)

Wapnewski, Peter: Walther von der Vogelweide – Gedichte. Eine Auswahl mit Prosaübersetzung, Kommentar und Lebensbild. Frankfurt a. M. 1962. 7. überarbeitete Aufl. 1970

III. Lebensbeschreibungen und Untersuchungen

Behagel, Otto: Zur Technik der mittelhochdeutschen Dichtung. In: Beiträge zur Geschichte der dt. Sprache und Literatur 30. 1905

Beutler, Martin: Literarische Beziehungen zwischen Reinmar von Hagenau und Walther von der Vogelweide. Tübingen 1960, Diss.

Beyschlag, Siegfried: Walther von der Vogelweide und die Pfalz der Babenberger. In: Jahrbuch für fränkische Landesforschung 19, 1959

Böhm, Hans: Walther von der Vogelweide. Minne. Reich. Gott. Leipzig 1943 – 2. Aufl. Stuttgart 1949

Boor, Helmut de: Walther von der Vogelweide, etwa 1170–1230. In: Die großen Deutschen. Deutsche Biographie Bd. 1. Berlin 1956

Brinkmann, Hennig: Zu Wesen und Form mittelalterlicher Dichtung. Halle 1928

– Studien zu Walther von der Vogelweide. In: Beiträge zur Geschichte der deutschen Sprache und Literatur 63, 1939
Burdach, Konrad: Walther von der Vogelweide. Philologische und historische Forschungen. Erster Theil Leipzig 1900
– Reinmar der Alte und Walther von der Vogelweide. Leipzig 1880 – 2. Aufl. Halle 1928
– Der Mittelalterliche Streit um das Imperium. In: Deutsche Vierteljahresschrift für Literaturwissenschaft und Geistesgeschichte Bd. 13, 1935
Dilthey, Wilhelm: Walther von der Vogelweide. In: Von deutscher Dichtung und Musik. Leipzig–Berlin 1933 – 2. Aufl. Stuttgart–Göttingen 1957
Gerstmeyer, Günther: Walther von der Vogelweide im Wandel der Jahrhunderte. In: Germanistische Abhandlungen 68, 1934
Halbach, Kurt Herbert: Walther von der Vogelweide. Stuttgart 1965 – 3. erw. Aufl. 1973 (Sammlung Metzler 40)
Haupt, Marlene: Reimar der Alte und Walther von der Vogelweide. Gießen 1938 – Nachdruck: 1968 (Gießener Beiträge zur deutschen Philologie 58)
Hechtle, M.: Walther von der Vogelweide. Studien zur Geschichte der Forschung. Jena 1937
Heffner, Roe-Merrill Secrist, und W. P. Lehmann: A Word-Index to the poems of Walther von der Vogelweide. Madison 1940 – 2. Aufl. 1950
Hornig, C. August: Glossarium zu den Gedichten Walthers von der Vogelweide nebst einem Reimverzeichnis. Quedlinburg 1844
Hunger, Johannes: Walther von der Vogelweide. Minnesänger und polit. Dichter. Berlin 1955
Klein, Karl Kurt: Walthers Scheiden aus Österreich. In: Zeitschrift für deutsches Altertum und deutsche Literatur 1, 1955
Kracher, Alfred: Beiträge zur Walther-Kritik. In: Beiträge zur Geschichte der deutschen Sprache und Literatur Bd. 78, 1956
Kralik, Dietrich: Walther gegen Reinmar. In: Österreichische Akademie der Wissenschaften, Philosophisch-historische Klasse, Sitzungsberichte 230/1., 1955
Kraus, Carl von: Das äußere Leben Walthers von der Vogelweide. In: Bayerland 41, 1930
– Walther von der Vogelweide. Untersuchungen. Berlin–Leipzig 1935 – 6. Aufl. 1966
Kroes, H. W. J.: Walthers Atze-Sprüche. In: Neophilologus, Jg. 33, 1949
Mendels, Judy, Linus Spuler: Hermann von Thüringen und seine Dichterschule. In: Deutsche Vierteljahresschrift für Literaturwissenschaft und Geistesgeschichte, Jg. 33, 1959
Menzel, Rudolf: Das Leben Walthers von der Vogelweide. Leipzig 1865
Michels, Victor: Walther von der Vogelweide, hrsg. u. erklärt von W. Wilmanns. Bd. 1: Leben und Dichten Walthers von der Vogelweide. Halle 1916 (Germanist. Handbibl. I, 1). Bd. 2: Lieder und Sprüche Walthers von der Vogelweide. Halle 1924 (Germanist. Handbibl. I, 2)
Mohr, Wolfgang: Minnesang als Gesellschaftskunst. In: Der Deutschunterricht 6, 1954, H. 5
Moll, Willem Hendrik: Über den Einfluß der lateinischen Vagantendichtung auf die Lyrik Walthers von der Vogelweide. Amsterdam 1925

Mundhenk, Alfred: Walthers Selbstbewußtsein. In: Deutsche Vierteljahresschrift für Literaturwissenschaft und Geistesgeschichte, Jg. 37, 1963

Neumann, Friedrich: Walther von der Vogelweide und das Reich. In: Deutsche Vierteljahresschrift für Literaturwissenschaft und Geistesgeschichte 1, 1923

– Kleinere Schriften zur deutschen Philologie des Mittelalters. In: Der Deutschunterricht 6/1954

– Der Minnesänger Walther von der Vogelweide. In: Der Deutschunterricht 5/1953, H. 2

Nordmeyer, Henry Waldemar: Der Ursprung der Reinmar/Walter-Fehde. In: The Journal of English and Germanic Philology 29, 1930

– Ein Anti-Reinmar, In: Publications of the Modern Language Association of America 45, 1930

Plenio, Kurt: Bausteine zur altdeutschen Strophik. In: Beiträge zur Geschichte der deutschen Sprache und Literatur 30, 1905

Pretzel, Ulrich: Zu Walthers Mädchenliedern. In: Festschrift de Boor. Tübingen 1966

Rieger, Max: Das Leben Walthers von der Vogelweide. Gießen 1863

Rompelmann, T. A.: Zu Walther 79,33. Neophilologus, Jg. 34, 1950

Rump, Hans-Uwe: Walther von der Vogelweide. Reinbek 1974 (rowohlts monographien 209)

Scherer, Wilhelm: Das geistige Leben Österreichs im Mittelalter. In: Vorträge und Aufsätze zur Geschichte des geistigen Lebens in Deutschland und Österreich. Berlin 1874

Schönbach, A. E.: Walther von der Vogelweide. Ein Dichterleben. Dresden 1890 – 4. von Hermann Schneider neu bearbeitete Aufl. Berlin–Darmstadt 1923 (Geisteshelden I)

Schweikle, Günther: Minne und Mâze. In: Deutsche Vierteljahresschrift für Literaturwissenschaft und Geistesgeschichte, Jg. 37, 1963

Thurnwald, A.: Dichter, Kaiser und Papst. Walther von der Vogelweide als politischer Dichter. Wien 1872

Uhland, Ludwig: Walther von der Vogelweide, ein altdeutscher Dichter. Stuttgart–Tübingen 1822. In: Uhland, Schriften zur Geschichte der Dichtung und Sage. Stuttgart 1870, Bd. 5

Wapnewski, Peter: Reinmars Rechtfertigung. Zu MF 196,35 und 165,10. In: Festschrift Norman. London 1965

– Der Sänger und die Dame. Zu Walthers Schachlied. In: Euphorion 60, 1966

– Wolframs Walther-«Parodie» und die Reihenfolge seiner Lieder. In: Germanisch-Romanische Monatsschrift 39, 1958

Wilmanns, Wilhelm: Leben und Dichten Walthers von der Vogelweide. Dresden 1890 – 4. von H. Schneider bearbeitete Auflage. Berlin–Darmstadt 1923 (Geisteshelden I)

Wisniewski, Roswitha: Walthers Elegie. In: Zeitschrift für deutsche Philologie 87, 1968

IV. Zur Kultur- und Sozialgeschichte

Baehr, Rudolf (Hrsg.): Der provenzalische Minnesang – Ein Querschnitt durch die neuere Forschungsdiskussion. Darmstadt 1967

Bertau, Karl: Deutsche Literatur im europäischen Mittelalter. 2 Bde. München 1973

Bezzola, R. R.: Liebe und Abenteuer im höfischen Roman. Reinbek 1961 (rde 117/118)

Bielschowsky, Albert: Geschichte der deutschen Dorfpoesie im 13. Jahrhundert. Berlin 1891

Borst, Arno: Lebensformen im Mittelalter. Frankfurt a. M.–Berlin 1973

Bosl, Karl: Frühformen der Gesellschaft im mittelalterlichen Europa. München 1964

Bumke, Joachim: Studien zum Ritterbegriff im 12. und 13. Jahrhundert. Heidelberg 1964

Curschmann, Fritz: Hungersnöte im Mittelalter. Leipzig 1900

Elias, Norbert: Die höfische Gesellschaft. Untersuchungen zur Soziologie des Königtums und der höfischen Aristokratie. Neuwied 1969 (Luchterhand: Soziologische Texte 54)

Haller, Johannes: Das Papsttum. Idee und Wirklichkeit. 5 Bde. Reinbek 1965 (rde 221–230)

Hampe, Karl: Deutsche Kaisergeschichte in der Zeit der Salier und Staufer. 10. Aufl. bearbeitet von F. Baethgen. Heidelberg 1949

Hauser, Arnold: Sozialgeschichte der Kunst und Literatur. 2 Bde. 2. Aufl. München 1968

Lehmann, Paul: Die Parodie im Mittelalter. 2. Aufl. Stuttgart 1963

Mayer, Hans Eberhard: Geschichte der Kreuzzüge. 3. Aufl. 1973 (Urban Taschenbücher 86)

Runciman, Steven: Geschichte der Kreuzzüge. 3 Bde. München 1957–1960

Wapnewski, Peter: Deutsche Literatur des Mittelalters. 3. ergänzte Aufl. Göttingen 1975 (Kleine Vandenhoeck-Reihe 1096)

Wechssler, Eduard: Kulturproblem des Minnesangs. Halle 1909

Wentzlaff-Eggebert, F.-W.: Kreuzzugsdichtung des Mittelalters. Berlin 1960

Friedrich Gottlieb Klopstock
Ein empfindsamer Revolutionär

Das Leben des Dichters Friedrich Gottlieb Klopstock – er wurde am 2. Juli 1724 in Quedlinburg geboren und starb am 14. März 1803 in Hamburg – das Leben dieses, wie man sagt, ersten deutschen Berufsschriftstellers fällt in eine Zeit, die literarhistorisch den Übergang von höfischem Rationalismus und Aufklärung zur bürgerlichen Romantik bedeutet, sozialökonomisch den Beginn des industriellen Zeitalters und des spekulativen Hochkapitalismus. Bürgerliches Privatunternehmertum tritt selbstbewußt in Konkurrenz zu Grundbesitz und fürstlichem Gottesgnadentum. Zögernd zunächst noch, aber zunehmend zügiger verwandelt agrarischer Reichtum sich in Bank und Handelskapital, wird die Industrieunternehmung zu einer bevorzugten Form der Vermögensanlage. Freilich, es ist eine Zeit nicht nur von schwindelerregenden Aufstiegen, sondern auch bishin unbekannten Pleiten. Privatunternehmen, Fabriken, neue Handelshäuser entfalten sich so vehement wie sie bankrottieren. Neue, industriell erzeugte Proletariate treten an die Seite der angestammten Elendsmassen auf dem Land, der Leibeigenen und in Frondienst Gehaltenen. Aber während sich in anderen Ländern gleichzeitig die Ideen von Freiheit und Egalität ins Recht zu setzen vermögen, zerreibt sich der republikanische Gedanke in Deutschland an allen Ecken und Enden seiner zweihundert Duodez-Fürstentümer.
Nehmen wir Klopstocks Leben im Längsschnitt, so nimmt es sich fast wie eine modellhafte Komplikation der deutschen Misere aus. Es verzeichnet nicht nur getreu alle Schwankungen im ökonomischen Fundament der Gesellschaft, sondern – und heftiger – die Vibrationen und Irritationen im ideologischen Überbau. Woher kam der «Messias-Sänger», der «Erneuerer der deutschen Dichtersprache», der «Patriot und Revolutionär», der «erste große bürgerliche Subjektivist»? Aus zerrütteten Verhältnissen und der Konkursmasse einer großen Privatinitiative. Sein Vater, Gottlieb Heinrich, hatte als ein Mann von gehobener Position und gewissem Vermögen die Tochter eines Langensalzaer Kaufmanns und Tuchfabrikanten geehelicht, eine Liaison, die in der Additon so etwas wie erste Bürgerklasse ergab. Gemäß den Aufstiegsvorstellungen des privatkapitalistisch experimentierenden Bürgertums hatte er aber den sicheren Posten eines Advokaten «sowohl bei Fürstl. Stifftskanzley und Consistorio als auch den Niedergerichten» in Quedlinburg plötzlich aufgegeben und sich auf das Risiko einer agrarischen Großunternehmung eingelassen. Bei Hinzuziehung eines Kommanditisten gelang es ihm, einen Pachtvertrag für das «königlich Preußische Ober- und Unteramt Friedeburg» zu erlangen; nur daß sich der Aufstieg in die luftige Sphäre der Unternehmerfreiheit alsbald als grobe Fehlspekulation erwies, der Traum von agrarischer Hoch-

herrschaftlichkeit als Verkennung wirklich moderner Investitionsformen. Als die Einnahmen die hohen Einsätze nicht rasch genug decken, die durch zusätzliche Anleihen künstlich verlängerte Kapitaldecke sich immer noch als zu knapp erweist, zerrinnt das schöne Truggebild sehr bald in unerquicklichen Prozessen und Tilgungsverfahren. Der Weg zurück führt wieder in die Quedlinburger Amtsenge. Was bleibt, sind die auf Schuldenzahlung drängenden Gläubiger. Was zunimmt, ist die Kinderzahl. Und was sich von Jahr zu Jahr mehr und schließlich zum Komplex verfestigt, ist die Klage des Gottlieb Heinrich, daß er nicht mehr zu den Standespersonen gehöre.

Dieser Ausflug ins ökonomische Hinterland macht deutlich, warum der Entwicklungsgang des Friedrich Gottlieb ziemlich tief unten ansetzte, vor allem: weit unter dem hochgespannten Anspruchsniveau der so plötzlich deklassierten Familie. Zunächst durch private Gönnerschaft mit einer Freistelle im berühmten Schulpforta bedacht, läßt er sich im Jahre 1745 als Studiosus der Theologie in Jena einschreiben – ein Studium allenfalls mit Aussicht auf eine schlecht honorierte Pfarrstelle und jenseits jener schöneren Perspektiven, die zu damaliger Zeit die Jurisprudenz eröffnet. Trotzdem spiegelt sich in der Art, wie Klopstock Schulaufgaben und Studien anpackt, noch einmal der privatinitiatorische Impetus des Vaters, nicht zu sagen, des ganzen aufstrebenden Bürgerstandes. Ohne rechten Ehrgeiz, sich im Pferch der Pflichtpensen zu bewähren, versucht er die Schranken von Stand und Studium im Alleingang zu durchbrechen, und statt einer Abschlußprüfung sei es nur als Kandidat der Theologie, legt er der Welt – der bürgerlichen Lesewelt – die ersten drei Gesänge seines Erlösergedichtes *‹Der Messias›* vor.

Sterbliche, kennt ihr die Ehre, die euer Geschlechte
  verherrlicht,
Da der Schöpfer der Welt, als Erlöser, auf Erden gekommen:
So hört meinen Gesang, ihr besonders, ihr wenigen Edlen,
Teure gesellige Freunde des liebenswürdigen Mittlers,
Ihr mit der Zukunft des großen Gerichts vertrauliche Seelen,
Hört mich, und singt den ewigen Sohn durch ein göttliches
  Leben.

Hatte sich Klopstock so bei Umgehung des Instanzenweges privatinitiativ auf die höchste Kanzel geschwungen, Mittler des «Mittlers» sozusagen und poetischer Kommunikator zwischen Vater und Welt, so entwickelt die idealische Unternehmung doch bald ihre eigene klippenreiche Dialektik. Wie Klopstocks erster Biograf Friedrich Cramer glaubwürdig versichert, hatte Klopstock zunächst kaum an Veröffentlichung, schon gar nicht an so irdische Verdienste wie materiellen Gewinn gedacht. Der große Sprung nach vorn, der Luftsprung über die Schulden des Vaters hinweg ins Reich einer immateriellen Rehabilitation mußte sich demnach umso verhängnisvoller als Trugschluß dartun, als nun zwar die gesellschaftlichen Ranganspruche um einige weitere Stufen gestiegen waren, das literarische Renommee aber eben nicht Position, nicht Anstellung, nicht Stipendium und schon gar nicht wirtschaftliche Unabhängigkeit hieß. So sehen wir Klopstock neben so hohen «Mittlern» wie dem Messias bald faßbarere Mittelspersonen angehen, ihm eine Art Freiamt, Mußestelle, Sinecure zu beschaffen. Immer wieder die wirtschaftlichen Schwierigkeiten der Familie und den krassen Sturz aus ursprünglicher Wohlhabenheit in die Niederungen eines ökonomischen Jammertals illustrierend, schreibt er an den berühmten Schweizer Botaniker und Lyriker Haller, spricht er bei dem renommierten Prediger Sack vor, bemüht er sich um des einflußreichen Dichters Bodmer Fürbitte bei hochgestellten, das heißt fürstlichen Persönlichkeiten: «Ein qualvolles Amt wartet auf mich; wie sollte ich, davon gebrochen, den ‹Messias› würdig singen können? Mein Vaterland kümmert sich nicht um mich und wird sich nicht kümmern.» Wie sehr er mit solchen düsteren Prophezeiungen recht behalten sollte, zeigte sich nur zu bald. Der König von England, der kunstsinnige Prinz von Wallis, die Prinzessin von Oranien bezeugen Interesse, das zu nichts verpflichtet; und der preußische Hof läßt preußisch prompt durch seinen Akademiepräsidenten Maupertuis erklären: Nichts eigenes, sondern eine Imitation von Miltons *‹Verlorenem Paradies›*.

Ein Unterkommen auf Zeit, das Klopstock inzwischen gefunden hat, ist nicht gerade angetan, seine desolate seelische Verfassung zu beheben, eher sie zu verstärken. Als Hauslehrer bei einem wohlhabenden Verwandten untergekommen, verliebt er sich weit über Stand und Vermögen, also im ganzen hoffnungslos in seine Base Maria Sophia Schmidt (die «Fanny» seiner Oden). Diese Verwandtschaft hält nach den Worten des Vaters Gottlieb Heinrich «mit andern seins gleichen den Ankauf eines viertel landes für Tugend, und die Belegung eines neuen capitals für wißenschaft, gute Sitten u. religion ...» Und Klopstock selbst fühlt sich gedrängt, dem Freund und Mentor Bodmer in die Schweiz zu schreiben: «Ich liebe das zärtlichste und heiligste Mädchen auf's zärtlichste und heiligste. Sie hat sich noch nie gegen mich erklärt, weil unser Stand so verschieden ist.» Aus solchen Privatkorrespondenzen erhellen denn freilich nicht nur die Schatten, die Klopstocks Poesie so früh verdüsterten, sie werfen ein treffendes Licht auch auf den Geist des Zeitalters allgemein. Glauben wir bitte nicht, der sprichwörtliche Tränenüberschuß der sentimentalen Epoche wäre quasimodo aus heiterem Himmel gekommen, die ins rührselige gesteigerte Sensibilität eine literargeschichtliche Jungfrauengeburt. Alle Eigenschaften, die man der Literaturepoche zwischen Aufklärung und Sturm-und-Drang gemeinhin nachsagt, – ihr Emotionalismus sowohl wie ihre Grabeslust, ihr Freundschaftskult wie ihre Tränenkultur, ihr getrübter Blick für die sie umgebenden Verhältnisse und ihr geschärfter für bessere, vergangene, ihre Elitevorstellungen wie ihr intimer Umgang mit dem subjektiven Seelenleben – sind sehr getreue Übersetzungen zeitbedingter Standesansprüche und Standesfrustrationen in ästhetisch-moralische Kategorien und als geistiges Sozialprodukt nur die poetische Überkronung einer gesellschaftlichen Miserabilität.

An Fanny

Wenn einst ich todt bin, wenn mein Gebein zu Staub'
Ist eingesunken, wenn du, mein Auge, nun
Lang' über meines Lebens Schicksal,
Brechend im Tode, nun ausgeweint hast,

Und stillanbetend da, wo die Zukunft ist,
Nicht mehr hinauf blickst, wenn mein ersungner Ruhm,
Die Frucht von meiner Jünglingsthräne,
Und von der Liebe zu dir, Messias!

Nun auch verweht ist, oder von wenigen
In jene Welt hinüber gerettet ward:
Wenn du alsdann auch, meine Fanny,
Lange schon todt bist, und deines Auges

Stillheitres Lächeln, und sein beseelter Blick
Auch ist verloschen, wenn du, vom Volke nicht
Bemerket, deines ganzen Lebens
Edlere Thaten nunmehr gethan hast,

Des Nachruhms werther, als ein unsterblich Lied,
Ach wenn du dann auch einen beglückteren
Als mich geliebt hast, laß den Stolz mir,
Einen Beglückteren, doch nicht edlern!

Dann wird ein Tag seyn, den werd ich auferstehn!
Dann wird ein Tag seyn, den wirst du auferstehn!
Dann trennt kein Schicksal mehr die Seelen,
Die du einander, Natur, bestimtest.

Dann wägt, die Wagschaal in der gehobnen Hand,
Gott Glück und Tugend gegen einander gleich;
Was in der Dinge Lauf jetzt misklingt,
Tönet in ewigen Harmonieen!

Wenn dann du dastehst jugendlich auferweckt,
Dann eil' ich zu dir! säume nicht, bis mich erst
Ein Seraph bei der Rechten fasse,
Und mich, Unsterbliche, zu dir führe.

Dann soll dein Bruder, innig von mir umarmt,
Zu dir auch eilen! dann will ich thränenvoll
Voll froher Thränen jenes Lebens
Neben dir stehn, dich mit Namen nennen,

Und dich umarmen! Dann, o Unsterblichkeit,
Gehörst du ganz uns! Komt, die das Lied nicht singt,
Komt, unaussprechlich süße Freuden!
So unaussprechlich, als jetzt mein Schmerz ist.

Rinn unterdeß, o Leben. Sie komt gewiß
Die Stunde, die uns nach der Zypresse ruft!
Ihr andern, seyd der schwermuthsvollen
Liebe geweiht! und umwölkt und dunkel!

Ich meine nicht, daß von dem Gedicht allzu viel zu halten sei. Seine Kraft liegt in der Beweiskraft für die Ummünzung gesellschaftlicher Übelstände in Todesseligkeiten, von sozialen Mißhelligkeiten zu Schicksalswehen, von Perspektivlosigkeit in Auferstehungshoffnungen. Die herkömmliche Klopstock-Literatur – und wie es scheint, hält das Herkommen ziemlich ungebrochen an – hat auf die für uns wichtigen Interdependenzen von ökonomischen Fundamentalerschütterungen und nervösem Überbaugeflacker – wenig Wert gelegt. Selbst so herausragende Arbeiten wie Karl Ludwig Schneiders ‹*Klopstock und die Erneuerung der deutschen Dichtersprache*› (1960) oder Gerhard Kaisers ‹*Klopstock, Religion und*

Dichtung› nehmen auf soziale Konditionierungen nur sehr vorbehaltlich Bezug und versuchen, uns einen materiell uneingetrübten, weltenreinen Klopstock aus dem Geist der geisteswissenschaftlichen Ableitung zu entwickeln. Die nach wie vor unerreichte Lebensbeschreibung von Franz Muncker *‹Friedrich Gottlieb Klopstock. Geschichte seines Lebens und seiner Schriften›* (1888), die auch so unfeine Sachverhalte wie wirtschaftliche Schwierigkeiten getreu verzeichnet, gibt sich dennoch meist nur mit Parallelführungen zufrieden, wobei die grobe inhaltliche Thematisierung von zeit- und sozialgeschichtlichen Begebenheiten im Mittelpunkt des Interesses steht. Auf dem Munckerschen Wege ein ganzes Stück weiter führen uns dann freilich einige viel zu wenig bekannte, viel zu gering gewürdigte Untersuchungen von Helmut Pape *‹Die gesellschaftlich-wirtschaftliche Stellung Friedrich Gottlieb Klopstocks›* (1962) und *‹Klopstocks Autorenhonorare und Selbstverlagsgewinne›* (1969). Erst auf Grundlage dieser unendlich akribischen und bis zum letzten hinterlassenen Wäschezettel ausgedehnten Wirtschaftsprüfung scheint weitere Höhenforschung bzw. neue Tiefensondierung möglich. Sie scheint auch nach wie vor nötig. Papes genialisch einseitige Fahndung nach Sozialdaten findet nämlich eine verständliche Schranke dort, wo der detailversessene Detektiv die tausend von ihm an Land gezogenen Fundsachen säuberlich numeriert vor uns hinreiht, ohne daß sich aus all den Asservaten schon so etwas wie ein neues Charakterbild ergäbe oder aus den vielen frisch gesicherten Fingerabdrücken eine neue Deutung der Handschrift. An ihr uns ein wenig zu versuchen, weiter im Text und – auf Papes Spuren – zurück zu unserem Protagonisten.
Wie flüssig und beinahe übergangslos sich Klopstocks literarisches Privatunternehmertum zum Privatissimum entwickeln, oder, rückschlagend, wieder in spekulativen Kaufmannsgeist sich verwandeln konnte, zeigt sinnreich sein Besuch bei Bodmer in Zürich (Mitte 1750). Der baldige Mißklang zweier kongenial disharmonierender Charaktere erklärt sich dabei sicher nur zum Teil aus der Unvermischbarkeit der Temperamente. Was hier zusammenstieß – über das sehr gemischte Medium der «Messias»-Dichtung in Kontakt geraten – waren im Grunde vom viel zitierten Zeitgeist zwei Aggregatzustände, ein patriarchalisch beharrender und ein modern dynamischer. Während hinter Bodmer die ganze in Pfarrhäusern und Schulstuben eingemauerte Innerlichkeit des sich auf seine eignen Werte besinnenden Bürgertums stand, seine antihöfischen Maßhaltetugenden, sein statisches Haushalteethos, seine gemütliche Selbstbescheidung, trat hier mit Klopstock ein radikal neuer Typ des Bürgers und des literarischen Produzenten auf den Plan: der seine gesellschaftliche Hintanstellung machtvoll überkompensierende Selbst-

produzent. Er war im Grunde schon ein echter Vorläufer jener späteren zweiten Romantik, die zwischen künstlerischer und privat vitaler Persönlichkeitsbekundung, zwischen Denk- und Lebensformen, Welt- und Selbstdarstellung nicht mehr zu scheiden bereit war wie zwischen Alternativen oder kategorial getrennten Ausdrucksweisen; und wie er im ‹*Messias*› lange schon die Grenzen verwischt hatte zwischen sich und seinem Geschöpf, dem Schöpfersohn, so setzte der neue Subjektivismus in Zürich plötzlich etwas frei was Bodmer kaum anders denn als ein liederliches Subjekt erscheinen konnte.

Bodmer hätte besser getan, sich durch die Einführungsbriefe Klopstocks rechtzeitig warnen zu lassen: «Und noch eine Frage, die auch einigermaßen bei mir zur Gegend gehört – wie weit wohnen Mädchen Ihrer Bekanntschaft von Ihnen, von denen Sie glaubten, daß ich Umgang mit ihnen haben könnte. Das Herz der Mädchen ist eine große weite Aussicht der Natur, in deren Labyrinth ein Dichter oft gegangen sein muß, wenn er ein tiefsinniger Wisser sein will.» Der Schreibtischwisser sah den Pferdefuß mitnichten und war hinternach umso empörter, als sich der «heilige Jüngling» als das entpuppte, was er war: ein unter gewaltigen Überbauschichten verborgener Erotiker und weltlich sportiver Geschäftsmann. Was in Zürich geschah, sollte nicht nur Bodmer gehörig in Verwirrung bringen; es ist, neben Klopstocks Alterslyrik (der Parteinahme für die Sache der Revolution mitsamt allen Widerrufsqualen), wohl angetan, den frommen Grabstein zu Altona und mit ihm fast die gesamte Papa-Klopstock-Forschung zu erodieren. Statt brav unter Kuratel zu dichten, zog es der Junglyriker vor, auf dem Zürcher Münsterplatz mit Reiterkunststücken aufzuwarten. Statt sich im Geleit des Pfarrhaus-Cicerone in die etablierte Bildungswelt einführen zu lassen, schien er den Ehrgeiz eines erotischen Vaganten zu entwickeln. So wußte er sich der kunstsinnigen Damenwelt, egal ob verheiratet oder jungfräulich, durch oftmals ziemlich unverblümte Ehrenerweisungen zu empfehlen. Trank ansehnlich Kirschgeist und Branntwein. Kam oft erst morgens in der Frühe nachhause («bene potus», ganz schön voll, wie Bodmer hämisch vermerkte). Zeigte in zweifelhaften Studentenzirkeln Talent zu Karten- und Taschenspielertricks. Hatte (Bodmer: «Klopstock ist nicht heilig») Vergnügen an zweideutiger Redeweise und anzüglichen Wortspielen (Bodmer: «säuischen Zoten»). Benutzte ein mitgebrachtes Fernglas weniger dazu, die ihm anempfohlene Landschaft auszuspekulieren, sondern um den Mädchen in die Fenster zu schauen. Rauchte dem Gastgeber die Gardinen gelb und posaunte stolz in die Heimat: «Hier ist es Mode, daß die Mädchen die Mannspersonen ausschweifend selten sprechen, und sich nur untereinander Visiten geben. Man schmeichelte mir, ich hätte das Wunder einer ... außerordentlichen Gesellschaft zu Wege gebracht.» Schließlich, mit einem entschiedenen Zug zur Selbstreklame an – ausgerechnet – Fanny: «Soll ich Ihnen diese Frauenzimmer beschreiben? Es würde zu lang werden. Ich will Ihnen nur sagen, daß es eine ungemein süße Sache ist (denn ich habe sie recht sehr und recht oft erfahren), wenn man von liebenswürdigen Leserinnen zugleich geliebkos't und zugleich verehrt wird.»

Das «Wunder einer so außerordentlichen Gesellschaft» kam nicht von ungefähr und hing auch gewiß nicht allein mit der einnehmenden Person des Poeten zusammen. Das Wunder war das Ergebnis einer zeitgenössischen Gesellschaftszauberei, die subjektivistische Lyrik hieß und die, wiewohl sie nicht direkt neue gesellschaftliche Verhältnisse begründen, doch eben «außerordentliche Gesellschaft» heranbeschwören konnte. Gerade Klopstocks berühmte Ode ‹*Der Zürchersee*› zeigt, über alle individuellen Kunstspitzen hinweg, wie innig sich das neue literarische Gesellschaftsprodukt gleichzeitig als Gesellungsmittel erweist, alle neu aufgerissenen Klüfte zwischen privater Rührsphäre und kollektivem Kommunikationsverlangen, zwischen moderner Emanzipationslust und moderner Naturfrömmigkeit, zwischen Kunstglauben und Gesellungstrieb magisch überbrückend-übertönend.

Der Zürchersee

Schön ist, Mutter Natur, deiner Erfindung Pracht
Auf die Fluren verstreut, schöner ein froh Gesicht,
Das den großen Gedanken
Deiner Schöpfung noch Einmal denkt.

Von des schimmernden Sees Traubengestaden her,
Oder, flohest du schon wieder zum Himmel auf,
Kom in röthendem Strale
Auf dem Flügel der Abendluft,

Kom, und lehre mein Lied jugendlich heiter seyn,
Süße Freude, wie du! gleich dem beseelteren
Schnellen Jauchzen des Jünglings,
Sanft, der fühlenden Fanny gleich.

Schon lag hinter uns weit Uto, an dessen Fuß
Zürch in ruhigem Thal freye Bewohner nährt;

Schon war manches Gebirge
Voll von Reben vorbeygeflohn.

Jetzt entwölkte sich fern silberner Alpen Höh,
Und der Jünglinge Herz schlug schon empfindender,
Schon verrieth es beredter
Sich der schönen Begleiterin.

«Hallers Doris», die sang, selber des Liedes werth,
Hirzels Daphne, den Kleist innig wie Gleimen liebt;
Und wir Jünglinge sangen
Und empfanden wie Hagedorn.

Jetzo nahm uns die Au in die beschattenden
Kühlen Arme des Walds, welcher die Insel krönt;
Da, da kamest du, Freude!
Volles Maßes auf uns herab!

Göttin Freude, du selbst! dich, wir empfanden dich!
Ja, du warest es selbst, Schwester der Menschlichkeit,
Deiner Unschuld Gespielin,
Die sich über uns ganz ergoß!

Süß ist, fröhlicher Lenz, deiner Begeistrung Hauch,
Wenn die Flur dich gebiert, wenn sich dein Odem sanft
In der Jünglinge Herzen
Und die Herzen der Mädchen gießt.

Ach du machst das Gefühl singend, es steigt durch dich
Jede blühende Brust schöner, und bebender,
Lauter redet der Liebe
Nun entzauberter Mund durch dich!

Lieblich winket der Wein, wenn er Empfindungen,
Beßre sanftere Lust, wenn er Gedanken winkt,
Im sokratischen Becher
Von der thauenden Ros' umkränzt;

Wenn er dringt bis ins Herz, und zu Entschließungen,
Die der Säufer verkennt, jeden Gedanken weckt,

Wenn er lehret verachten,
Was nicht würdig des Weisen ist.

Reizvoll klinget des Ruhms lockender Silberton
In das schlagende Herz, und die Unsterblichkeit
Ist ein großer Gedanke,
Ist des Schweißes der Edlen werth.

Durch der Lieder Gewalt, bey der Urenkelin
Sohn und Tochter noch seyn; mit der Entzückung Ton
Oft beym Namen genennet,
Oft gerufen vom Grabe her,

Dann ihr sanfteres Herz bilden, und, Liebe, dich
Fromme Tugend, dich auch gießen ins sanfte Herz,
Ist, beym Himmel! nicht wenig!
Ist des Schweißes der Edlen werth!

Aber süßer ist noch, schöner und reizender,
In dem Arme des Freunds wissen ein Freund zu seyn!
So das Leben genießen,
Nicht unwürdig der Ewigkeit!

Treuer Zärtlichkeit voll, in den Umschattungen,
In den Lüften des Walds, und mit gesenktem Blick
Auf die silberne Welle,
That ich schweigend den frommen Wunsch:

Wäret ihr auch bey uns, die ihr mich ferne liebt,
In des Vaterlands Schooß einsam von mir verstreut,
Die in seligen Stunden
Meine suchende Seele fand:

O so bauten wir hier Hütten der Freundschaft uns!
Ewig wohnten wir hier, ewig! Der Schattenwald
Wandelt' uns sich in Tempe,
Jenes Thal in Elysium!

Klopstock ist indes nicht nur der erotische Privatunternehmer, der seinen ‹*Messias*› sowohl wie seine neuen Oden unverblümt als Werbeträger und gesellschaftliches Bindemittel benutzt; der Dichter des strömenden Gefühls und der persönlichen Gotteserfahrung zeigt sich frei konvertierbar in den freien Industriespekulanten, eine Modifikabilität, nirgends so deutlich wie in seiner zunächst rein freundschaftlichen, zunehmend dann aber kommerzielles Interesse bekundenden Beziehung zu dem jungen Kaufmann Hartmann Rahn. Rahn, den Bodmer, nörgelnd, einen «visionaire» schimpft, hat ein neues Verfahren des Seidendrucks erfunden und ist bereit, Klopstock als Compagnon mit in die Firma hineinzunehmen. Die einzige Auflage: der in Fragen des bildnerischen Geschmackes, zumal in Dingen der Buchausstattung nicht unerfahrene Dichter möge ihm «die Dessins beurtheilen und perfectioniren» helfen. Klopstock zieht bald ganz zu Rahn, und wie wenig Eskapade hinter dem Umzug steht, sondern Entschiedenheit, den eigenen Lebensunterhalt in eigener Regie zu gestalten, wird deutlich, als er ein bishin sehnlichst erwartetes Versorgungsangebot des dänischen Hofes wochenlang unbeantwortet läßt. «Ein Poet und ein Fabricant in einer Person», höhnt Bodmers kleinkarierter Innungsstolz; aber so stolz ist er wieder nicht, dem jungen Kollegen das als Geschenk deklarierte Reisegeld nicht wieder abzufordern. In einem Brief an Zellweger und mit einem deutlichen Anstrich von Selbstrechtfertigung, er hätte das Geld «auch zu keinen Zeiten zurückgefordert, wenn der Poet der rechtschaffene Mensch gewesen wäre, den wir uns aus der Messiade, seinen Oden und Briefen vorgestellt hatten. Aber einem solchen dissipirten Donquixotte hatte ich keine Lust dergleichen geschenke zu machen.»

Als Klopstock sich endlich doch für Dänemark und eine Staatspension entscheidet, hat es fast den Anschein, als ob sich ein Kaufmann in Geschäften nach Kopenhagen begäbe. Kommerziell taktierend und den eigenen Marktwert künstlich in die Höhe steigernd, läßt er bei dem Gönner Bernstorff durchblicken, daß Bodmer ihm einen Jahressold von 300 Talern nebst freier Kost und Logis in Aussicht gestellt hätte, eine glatte Lüge vermutlich, die aber ihre Wirkung nicht verfehlt. Klopstock erhält neben einem Reisezuschuß die Zusicherung einer Pension von 400 Reichstalern pro Jahr.

Auch die Hoffnung auf eine staatliche Starthilfe für das Rahn-Klopstockische Fabrikunternehmen scheint nicht ganz aus der Luft gegriffen. Trotzdem soll sich der alte Familienfluch – der Weg vom optimistischen Gründerimpetus über ein zu knapp kalkuliertes Risiko bis zum Rückfall in trostarme Mittelbürgerlichkeit – noch einmal wiederholen. Das Unternehmen, in Lyngby (nahe Kopenhagen) aus dem Boden gestampft, leidet sehr bald an Absatzschwierigkeiten, und Klopstock sieht sich gezwungen, seine Anteile an den Bruder August Philipp abzutreten. Noch im Jahre 1754 ist seine wirtschaftliche Lage – trotz Aufstockung der Pension auf inzwischen 600 Taler – alles andere als rosig. Daß sie sich nie soweit zur Zufriedenheit seiner gutbürgerlichen Verwandtschaft klärte, daß er der Familie seiner lang umworbenen Fanny als angemessener Partner hätte erscheinen können, ist dabei nur ein Symptom: Fanny heiratete auf Wunsch der Eltern den Bankier Johann Lorenz Streiber, eine hochsolide Existenz, deren Verhältnisse sich durch Börsenspekulationen während des Siebenjährigen Krieges dann um ein weiteres konsolidieren sollten. Lächerlich gering erschienen die klopstockischen Bezüge auch dem Vater einer Meta Moller aus Hamburg; und es ist wohl nur dem couragierten Eigensinn der Mollerin zu verdanken, daß sie dem Dichter, dessen Werbungsschreiben sich nicht gerade wie Bewerbungsunterlagen ausnehmen, im Jahre 1754 nach Kopenhagen folgen durfte.

Das Rosenband

Im Frühlingsschatten fand ich Sie;
Da band ich Sie mit Rosenbändern:
Sie fühlt' es nicht und schlummerte.

Ich sah Sie an; mein Leben hing
Mit diesem Blick an Ihrem Leben:
Ich fühlt' es wohl, und wußt' es nicht.

Doch lispelt' ich Ihr sprachlos zu,
Und rauschte mit den Rosenbändern:
Da wachte Sie vom Schlummer auf.

Sie sah mich an; Ihr Leben hing
Mit diesem Blick an meinem Leben,
Und um uns ward's Elysium.

Einen Eindruck vom Elysium der frisch gegründeten Familie vermitteln ziemlich realitätsgetreu Metas Briefe an die Freunde in Hamburg, in denen sich ein bescheidenes Glück in goldenen Optimismus hüllt. Klagen des Vaters dagegen, daß der Sohn in Kopenhagen immer nur «halb Licht» gäbe, was seine finanziellen Verhältnisse angehe, sind ebenso postnotorisch. Ungebrochen bei alledem scheint die immer wieder frisch entflammbare Lust des Dichters, sich wirtschaftlich auf eigne Beine zu begeben. Was ihm in der

Industrieunternehmung versagt geblieben ist, das erhofft er sich jetzt von nicht weniger eigenwilligen Experimenten im Verlagsgeschäft. Die wachsende Prosperität des Buchmarktes als leuchtendes Beispiel und krasse Ungerechtigkeit vor Augen, versucht er die kommerziellen Usancen der Branche entweder zu unterlaufen, zumindest sie im Sinne der Erfinder, das heißt zu Gunsten des literarischen Produzenten zu benutzen. Als er sich mit seinem Verleger Hemmerde überworfen hat, erwartet er sich zunächst gewisse Möglichkeiten vom Selbstverlags- und Subskriptionsverfahren. Der waghalsige Alleinspurt scheitert indes am Widerstand der Lobby, sprich den Buchhändlern, die eine Weitervermittlung von Klopstocks Subskriptionsformularen einfach verweigern. Wieder auf die eingeführten Vertriebspraktiken zurückgeworfen, bei denen die einmalige Abschlagszahlung und der Raubdruck zur Tagesunordnung gehören, muß er sich allerdings zu einem gefürchteten Kontrahenten seiner Verleger entwickelt haben. Daraus mag ihm einen Vorwurf machen wer mit der idealischen Scheidung von Verdienst und *Verdienst,* Vermögen und *Vermögen* doch wieder nur die leichte Ausbeutbarkeit der literarischen Produktivkräfte sanktionieren hilft. Wie stark solche Verelendungstheorien schon und gerade zu Klopstocks Zeiten verbreitet waren, zeigt mustergültig die spöttische Bemerkung des Ewald von Kleist, «der Messias wäre 2 mahl verkauft worden, einmal von Judas an die Hohenpriester, und einmal von Klopstock an Hemmerde». Ganz anders wurde Klopstocks verbissener Kampf für die Innungsinteressen von Goethe gesehen. In *‹Dichtung und Wahrheit›* finden sich einige aufschlußreiche Stellen, die eben nicht für die hochherzigen Verelendungsveredler der Dichterzunft Partei nehmen, sondern für jenes zähe Sichzurwehrsetzen, jenen klopstockischen Mut zur Kleinlichkeit, der weit über die eigenen Bogenhonorare hinaus gewisse Grundrechte des Standes zu stabilisieren suchte. Wie weit voraus blickend, wie tief die Misere einer bis heute hin allzu leicht erpreßbaren Innung durchschauend die klopstockischen Projekte wirklich waren, wird dort erkennbar, wo er (Mitte der fünfziger Jahre des achtzehnten Jahrhunderts und bis Anfang der sechziger!) Pläne für eine gemeinnützige Sozietätsdrukkerei entwickelt und über Ideen zu einem kooperativ geleiteten Autorenverlag mit Deutschlands halber Gelehrtenwelt korrespondiert. Diese bei allem offenkundigen Eigennutz immer das Wohl der ganzen Fachschaft mit umfassenden Bemühungen setzen sich fort in einem zermürbenden, keine Mühe, keine List, ja selbst die offensive Nötigung nicht scheuenden Kampf um das Zustandekommen einer Deutschen Dichterakademie. Im Gegensatz zu jenen Honoratiorensitzen mit Clubcharakter, wie sie sich zahlreich und nutzlos über die Niederungen des gemeinen Druckereiwesens erheben, schwebte

ihm ein eigentlich sehr reales Ideal vor Augen: Ein Arbeitsinstitut mit einem festen Etat, genossenschaftlicher Besoldungsregelung und projektgebundenen Werkstipendien.
Die andere Seite, die zweite der Ehrenmedaille, die wir Klopstock schon von Innungswegen verleihen müssen, besagt, daß mit ihm – und sei es mit seiner elitären Sach-Fach- und Sängerhoffart – die Ära des literarischen Hofschranzentums zu Ende geht. Gern nannte er sich selbst einen «alten Dedicationshasser», gewiß nicht von ungefähr. Wo er auf Bestellung dichten, Feiertagsverse verfassen, die dänische Residenz mit Jubiläumsartikeln beliefern muß, tut er es anonym, tief unbereit, neben der Arbeit auch noch den Namen herzugeben. Wie schwer er sich mit persönlichen Übereignungen tat, bezeugt die Nachricht, daß er sich nur auf das äußerste Drängen des Freundes Bernstorff herbeiließ, dem dänischen König die Kopenhagener Messiasausgabe in die Hand zu drücken. Und der Markgraf von Baden muß sich später sogar gefallen lassen, daß der ihm immerhin durch eine Pension verpflichtete Poet ein eigens dediziertes Buch gar nicht erst zusendet. «Ich hatte Ew. Durchlaucht», so heißt es später in fadenscheiniger Courtoisie, «aus Delicatesse kein Exemplar zugeschickt. Denn ich wollte den Ton einer Zueignung bis in den leisesten Laut vermeiden.»
Das nämliche hochgestochne Standesbewußtsein spricht aus seinem gesamten Verhalten bei Hof, egal ob man die demonstrativ herausgekehrte Distanz zum Zeremoniell ins Auge nimmt oder gewisse Huldigungsoden, die der Dichter dem fünften Friedrich von Dänemark man kann nicht anders sagen als: zu Gute kommen ließ. Diese Gedichte unterscheiden sich nicht nur in tonalen Abweichungen, sie unterscheiden sich essentiell und kategorial von ihrer gesamten Vorläuferschaft. Anstatt die Verdienste des Angesprochnen fraglos in einen unbefragten Himmel zu haben, versucht der Sänger, den Adressaten im Sinne seiner eigenen Ansicht von der Welt zu präterminieren. Statt dem Besagten die übliche Blankobescheinigung des Gottesgnadentums auszustellen und sich ansonsten untertänigster Ehrenbezeugung zu befleißigen, gibt Klopstock Bewertungsnoten, Verhaltenszensuren im Sinne seiner bürgerlich-republikanischen Gesellschaftsvorstellungen. In Summa: der große Friedrich, den er dem fürstlichen Gönner aufs Auge drücken möchte, ist eigentlich ein großer Friedrich Gottlieb: militant pazifistisch, Feind der Leibeigenschaftsverhältnisse und der Bauernexploration, Anwalt von Egalität und Pressefreiheit.

Friedrich der Fünfte

Welchen König der Gott über die Könige
Mit einweihendem Blick, als er geboren ward,
Sah vom hohen Olymp, dieser wird Menschenfreund
Seyn, und Vater des Vaterlands!

Viel zu theuer durchs Blut blühender Jünglinge,
Und der Mutter und Braut nächtliche Thrän' erkauft,
Lockt mit Silbergetön ihn die Unsterblichkeit
In das eiserne Feld umsonst.

Niemals weint' er am Bild' eines Eroberers,
Seines gleichen zu seyn! Schon da sein menschlich Herz
Kaum zu fühlen begann, war der Eroberer
Für den edleren viel zu klein.

Aber Thränen nach Ruhm, welcher erhabner ist,
Keines Höflings bedarf, Thränen geliebt zu seyn
Vom glückseligen Volk, weckten den Jüngling oft
In der Stunde der Mitternacht;

Wenn der Säugling im Arm hoffender Mütter schlief,
Einst ein glücklicher Mann! wenn sich des Greises Blick
Sanft in Schlummer verlor, jetzo verjünget ward,
Noch den Vater des Volks zu sehn.

Lange sinnt er ihm nach, welch ein Gedank' es ist:
Gott nachahmen, und selbst Schöpfer des Glückes seyn
Vieler tausend! Er hat eilend die Höh erreicht,
und entschließt sich, wie Gott zu seyn!

Wie das ernste Gericht furchtbar die Wage nimt,
Und die Könige wägt, wenn sie gestorben sind,
Also wägt er sich selbst jede der Thaten vor,
Die sein Leben bezeichnen soll!

Ist ein Christ! und belohnt redliche Thaten erst!
Und dann schauet sein Blick lächelnd auf die herab,

Die der Muse sich weihn, welche, mit stiller Kraft
Handelnd, edler die Seele macht!

Winkt dem stummen Verdienst, das in der Ferne steht!
Durch sein Muster gereizt, lernt es Unsterblichkeit!
Denn er wandelt allein, ohne der Muse Lied,
Sichres Wegs zur Unsterblichkeit!

Die vom Sion herab Gott den Messias singt,
Fromme Sängerin, eil! itzt zu den Höhen hin,
Wo den Königen Lob, besseres Lob ertönt,
Die Nachahmer der Gottheit sind!

Fang den lyrischen Flug stolz mit dem Namen an,
Der oft, lauter getönt, dir um die Saite schwebt;
Singst du einst von dem Glück, welches die gute That
Auf dem freyeren Throne lohnt!

Daniens Friederich ists, welcher mit Blumen dir
Jene Höhen bestreut, die du noch steigen mußt!
Er, der König und Christ, wählt dich zur Führerin,
Bald auf Golgatha Gott zu sehn.

In gewisser Einsicht wohl eine Figur des Establishments – und welcher Wieland, welcher Goethe, selbst Lessing war das zu der Zeit nicht – ist bei Klopstock eine fast singuläre Bemühung festzustellen, sich der Eingemeindung in die offiziösen Prestigekreise zu entziehen. Daß er sich bereits als Jugendlicher lieber in eigenen Sympathiezirkeln bewegte als in konventionellen Geltungsbereichen, hatte bereits sein Besuch bei Bodmer unmißdeutbar demonstriert. Ähnlich geht er auch jetzt den Ehrenpflichten des Hofbetriebs nach Möglichkeit aus dem Wege, lieber die Brieffreundschaften mit den alten Zunftgenossen pflegend (den Ebert, Gellert, Giseke, den Stolberg-Brüdern, dem nonkonformistischen Literaturtheoretiker Johann Elias Schlegel und dem radikaldemokratischen Journalisten Karl Friedrich Cramer), allenthalben und immer wieder von neuem versuchend, kleine Gegengesellschaften ins Leben zu rufen, Gesinnungszirkel und Freundschaftsbündnisse oder – wie die «Beyträgerinsel in Lyngby» – landsmannschaftliche Kommunikationsorgane.
Seine kargen Dänischkenntnisse über den Hausgebrauch hinaus zu erweitern, reichte bereits das Interesse nicht mehr hin. Erkenntlich

im wahrsten Sinne des Wortes zeigte er sich ausschließlich im Kreise von Wahlverwandtschaft; und wenn man über die privatistisch-elitären Verfassungen der kleinen «Gelehrtenrepubliken» ganz gewiß nicht kritiklos hinwegsehen kann, schon weil sich die mächtig hervorgehobnen Geselligkeitstugenden und Freundschaftsideale leicht als private Substitutionen ernstzunehmender Gesellschaftsvorstellungen erkennen lassen, sollte das Emanzipationsbedürfnis gegenüber der herrschenden Society nicht zu gering bewertet werden. Man erkennt: die bürgerliche Literatur beginnt sich auf ihre eigenen Kräfte und Werte zu besinnen, ihre eigenen Kreise zu ziehen, ihr eigenes Publikum auszubilden, und – parallel zum sanft entschlafenden Fürstenlob – bevölkert sich die literarische Szenerie zunehmend mit bürgerlichem Personal. Menschen des alltäglichen Umgangs erhalten plötzlich eine Wichtigkeit, wie sie umgekehrt proportional den fürstlichen Zelebritäten entzogen wird. Die Freundinnen Fanny (Maria Sophia Schmidt), Cidli (Meta Moller) oder Done (Sidonie Diederichs) verdrängen die Oberen von ihren angestammten Poesiepodesten. Erotische Akzidenzen bekommen den Wert literarhistorischer Naturereignisse. Der autoritätsgläubige Personenkult der barocken Feudalkultur wird endgültig abgelöst durch die freie Neigungsentscheidung und die huldigende Verklärung einer Privatbeziehung.

Wie Hebe, kühn und jugendlich ungestüm,
Wie mit dem goldnen Köcher Latonens Sohn,
Unsterblich, sing ich meine Freunde
Feirend in mächtigen Dithyramben.

Rührender freilich als solche dithyrambischen Bestandsaufnahmen und Haben-Bilanzen bedünken den Empfindsamen heute noch die Trauerkundgebungen und Verlustanzeigen. Wo die bürgerliche Binnenrevolution gelegentlich ein wenig hohl dröhnt und der Geselligkeits-Enthusiasmus allzu vollmundig Laut gibt, scheinen seelische Wahrheit und poetische Schönheit besonders ergreifend dort vermählt, wo der bürgerliche Subjektivismus seine Abgänge, Baissen und Depressionen besingt.

Die frühen Gräber

Willkommen, o silberner Mond,
Schöner, stiller Gefährt der Nacht!
Du entfliehst? Eile nicht, bleib, Gedankenfreund!
Sehet, er bleibt, das Gewölk wallte nur hin.

Des Mayes Erwachen ist nur
Schöner noch, wie die Sommernacht,
Wenn ihm Thau, hell wie Licht, aus der Locke träuft,
Und zu dem Hügel herauf röthlich er kömt.

Ihr Edleren, ach es bewächst
Eure Maale schon ernstes Moos!
O wie war glücklich ich, als ich noch mit euch
sahe sich röthen den Tag, schimmern die Nacht.

Vor den Göttern, salopp gesagt, oder angesichts der Unendlichkeit nimmt poetische Existenz sich anders aus als im Aktionsfeld der Öffentlichkeit. Ein bezeichnendes Licht auf Klopstocks Umgangsart im höfischen Herrschaftsbereich wirft besonders noch einmal ein Gastaufenthalt in der Karlsruher Residenz des Markgrafen von Baden (1774–75). In einer kleinen Schrift *‹Klopstock in Karlsruhe›* schreibt über die wunderliche Sphärenvermengung der badische Hofrat und Prinzenerzieher Ring: «Sein [Klopstocks] Aufzug war sehr armselig, ein abgeschabtes braunes Röckchen boutonnépartout, zuweilen ein noch mehr abgetragnes rothes u. wenn er gala machte, ein weißgraues mit goldnen Musquetaireborten, seine Peruque war alt u. übel akkomodirt u. immer war sowas an seinem Aufzuge, daß man Mangel an Reinlichkeit nennen mußte.» Auch im Umgang mit dem Markgrafen Karl Friedrich, dem Klopstock gemeinhin mit dem egalitären «Sie» angeredet haben soll, muß er sich ein Äußerstes an legerer Uneitelkeit, wo nicht überzogenem Understatement geleistet haben. «Freund Dichter», fährt Ring fort, «durfte in der Schlafmütze u. im Schlafrock bleiben, er trieb's so weit, daß er mit einem Fuß sich auf den Sitz des Sessels stützte u. mit dem Leib auf die Lehne, der Fürst ließ es geschehen, unterhielt sich immer lange u. liebreich mit ihm u. ging dann weiter; so kamen auch andere Damen, Cavaliere, ich zu ihm, er war ganz ungenirt, und niemand muthete ihm was andres zu.» Trotzdem muß Klopstock das bloße Vorhandensein gewisser codifizierter Rangabstufungen und Verhaltensregeln als Zumutung empfunden haben;

Grund, alle Pensionsbezüge und Gnadenerweise mißachtend, eines Tages grußlos und abrupt nach Hamburg aufzubrechen. Auch einer neuen Einladung, einige Jahre später, begegnet er mit nun schon bekannter Reserve: «Aber es ist da ein Etikät», schreibt er an den hessisch-homburgischen Markgrafen Friedrich V., «welches ich nicht zum zweitenmal aushalten würde.»

Was als bloßes Privatissimum erscheinen könnte, Ausfluß eines übersteigerten und allzu leicht kränkbaren Selbstbewußtseins vielleicht, erhält aber doch einen qualitativ anderen Stellenwert, wenn man einmal einen genaueren Blick auf Klopstocks lyrische Produktionen tut: über die poetischen Freundschaftsbekundungen hinweg und etwas tiefer ins politisch-gesellschaftliche Unterfutter. Hier nämlich finden sich Anzeichen – und gewiß nicht nur Spuren – eines dezidiert republikanisch gesonnenen Charakters schon früh. Schon in der Ode ‹*Verhängnisse*› und im Jahre 1747 hatte der Dichter einen Ton angeschlagen, der für die seinerzeit zeigenössische Literatur geradezu revolutionär war:

Königen gab der Olympier Stoltz, und sklavischen Pöbel
　Um den gefürchteten Thron:
Weisheit gab er den Königen nicht; sonst hielten sie Menschen
　Nicht für würgbares Vieh.
Philosophen gab er den Traum, da Wahrheit zu suchen,
　Wo sie zu finden nicht ist:
Priestern den Wahn, die göttlichste Wahrheit durch alles zu lehren,
　Nur durch Tugenden nicht.
Alles dies gab er im Zorn. Sehr wenig Könige weihen
　Ihr erhabenes Amt
Durch ein Gottnachahmendes Wohltun, das über die Menschheit
　Sterbliche Menschen erhöht.
Wenig Philosophen erreichen die nähere Weisheit,
　Die Glückseligkeit ist.
Selten wandeln Priester dem nach, der lebend sie lehrte,
　Und viel weniger sprach.
Tugend gab er nicht Menschen, die gab er Engeln. Ihr Bildniß
　Ließ er den Sterblichen nur.
Mir gab er die singende Leier, und redliche Freunde.
　Wollt' ich, was größer noch ist,
Wollt' ich der himmlischen Glück, die selige Liebe noch bitten,
　O so bät' ich zu viel!

O so bät' ich auch Tugend! Die gab er Engeln! Ihr Bildniß
Ließ er den Sterblichen nur!
Ist die Leier der Weisheit nicht heilig, und singet sie jemals
Was geringers als sie,
Lieb' ich die Freunde nicht treu, die so voll Freundschaft mich lieben
O so sind mir von ihm,
Alles was er mir gab, auch die unvergeltbarsten Gaben,
Auch im Zorne verliehn.

Diese schneidende Stimme sollte sich auch in Zukunft nie ganz aus seiner Dichtung verlieren, und – alle ideologischen Verbiegungen zwischen ‹*Gelehrtenrepublik*› und ‹*Hermann und Thusnelda*› einmal hintangestellt – ein gewisser radikaldemokratischer Faden läßt sich selbst aus den scheinbar nur spurenhaften Zusammenhängen von ‹*Messias*›, Hermanns-Trilogie und Revolutions-Oden noch herauslesen. Auch die gern zitierten Ausfälle Klopstocks gegen «Ausländerei» und «Französelei» stehen keineswegs im Widerspruch zu seinen späteren Sympathieerklärungen für die Französische Revolution. Was er unter Französelei bekämpft und verstanden hatte, war ja nichts anderes gewesen als die allzu willige Adaption einer fremden Feudalkultur, Übertragung des absolutistischen Herrschaftsmodells auf die deutschen Partikularverhältnisse, die Ausbreitung und Versteinerung einer Kulturideologie, die jeden Ansatz zur Erkenntnis der eigenen Landes- und der bürgerlichen Standesprobleme schon im Keim erledigte. Insofern erklärt sich nun aber auch seine Abneigung gegen den preußischen Friedrich als Verdichtung vieler Animositäten zum Komplex. Was ihn reizt, bis aufs Blut, ist diese besonders provokante Mischung aus scheinbarer Aufgeklärtheit und autoritärer Menschenverachtung. Was ihn aus der Fassung, was ihn in Harnisch bringt, ist diese Vereinigung von Unvereinbarkeiten: gallomanischer Fremdtümelei und militantem Großmachtstreben. Vor allem aber ist es dieser kriegerische Imperialdrang, dem Klopstocks ganzer Bürgerzorn gilt. Des Dichters erklärtes Patriotentum ist nämlich von sehr bestimmten pazifistischen Essentialen nicht zu trennen. Sein Freiheitsbegriff zeigt vaterländisch-nationale und demokratische Momente aufs innigste legiert. Daher dieser lebenslang leitmotivische Affront gegen den «Erobrungskrieg», den Eroberungskrieger, der oft genug Friedrich heißt, aber auch Karl heißen kann («Der Eroberer am leichenvollen Strom . . . welcher uns mordend zu Christen machte»), Caesar, Alexander, Attila oder, später dann, Napoleon.

Erweiterung des Thierreichs

Wenn ich der Krieger einen mit Recht Eroberer nenne,
Von dem Augenblick' an ist er mir Mensch nicht, ist Thier.
Sey sein Name berühmt, er heiße Gingiskan, Cäsar,
Alexander: Mensch ist er mitnichten, ist Thier.
Sey er kein Wolf denn, sondern ein Löwe; sey er ein Adler
und kein Geier: er ist doch nur ein anderes Thier.

Die goldnen Zeiten

Alexanders wäre der Griechen goldenes Alter,
Und doch lebte so lang vor den Barbaren Homer?
Nennet nicht mehr nach August das goldene Alter der Römer;
Ciceros heiß' es euch, oder es heiße Virgils.
Überträft ihr sie nicht, die Schmeichler der Könige waren
In dem Leben; wenn ihr's, selbst nach dem Tode, noch wärt?

In der Aufdeckung heraldischer Verkleidungen für sinistren Despotismus überschreitet Klopstocks Lyrik gehörig das Zeit-, schon gar das Landesübliche. Zwar über den Schatten vermag auch er nicht zu springen, daß es verwerfliche Fürsten gäbe und von Haus aus gute, landesväterliche; die Macht der Verwünschungen und die impetuöse Forderung nach Gerechtigkeit überschreiten aber immer wieder solche Bewußtseinsbarrieren, die vom Gefühl beflügelten Ahndungen die Erkenntnismängel. Der «deutsche Pindar», den man gerade diesem Poeten immer wieder anzudichten versuchte, entlarvt sich angesichts seiner Entheroisierungs- und Abrüstungslyrik von selbst. Eine gewisse Feierlichkeit des Tonfalls, eine gewisse pathetische Höhenlage, die er nur ungern verläßt, dienen dennoch nie der Überhöhung der herrschenden Unrechtsverhältnisse. Mochte der neue, der gehobne Gefühlsstil sich letztlich wirklicher Volkstümlichkeit verweigern: der unerhörte Schwung, den Klopstock in die deutsche Dichtersprache einbrachte, war gewiß nicht das schlechteste Medium für die Aufnahme und die Weitervermittlung auch der neuen politischen Reizbarkeiten, republikanischem Gerechtigkeitsgefühl und von unten aufdringendem Gleichheitsbegehren. «Weh dem Erobrer, welcher im Blute der Sterbenden geht, / Wenn die Rosse der Schlacht gezähmter wüthen / Als der schäumende Held nach Lorbeer wiehert» : aus solchen Zeilen scheint mir immerhin mehr gerechte Herzensempörung, auch weit mehr demokratische Partei- und Anteilnahme zu sprechen als aus des Matthias Claudius' quietistisch-verbindlichen Unverbindlichkeiten: «s'ist leider Krieg – und ich begehre, / Nicht Schuld daran zu sein.»

In der Auseinandersetzung mit der Person Friedrichs II. von Preußen gewinnen Klopstocks Tyrannenverachtung und Humanitätsvorstellungen, seine kulturpolitischen Theorien und sein antiimperialistischer Kampfgeist am faßlichsten Gestalt. Wie ein böser Dschinn geistert der «Unpatriot», der Franzosenfreund, der Verächter der deutschen Poesie und der deutschen Gelehrtenwelt durch zahlreiche klopstockische Opera, «gebückt, gekrümmt, eisgrau, starräugig» durch die Ode ‹*Die Roßtrappe*›; «hager, grau, wie ungebleichtes Leinen, breitköpfig» und als langnäsig-augenloses «Spinnwebengesicht» durch die ‹*Gelehrtenrepublik*›. Als Friedrich im Jahre 1780 gar eine unqualifizierte Abqualifikation der gesamten deutschen Literatur- und Geisteswelt unter dem Titel ‹*De la litterature allemande*› erscheinen läßt, veranstaltet Klopstock ein erbittert-genüßliches Autodafé und empfiehlt den despotischen Ignoranten drei ausgreifende Oden lang (‹*Der Traum*›, ‹*Die Rache*›, ‹*Delphi*›) der Verachtung der Mitwelt und dem Schimpf des Enkels, «denn er möchte vielleicht Eroberergröße anders ächten als wir».

Das Zitat macht deutlich, wie weit wir den Rahmen einer bloßen Literaturpolemik bereits verlassen haben und wie heftig sich Wut, Zorn, Widerspruch und Personalkritik gegen den rücksichtslosen Imperialpolitiker wenden. In der Tat war der sogenannte große Friedrich für Klopstock so etwas wie ein Nonplusultra: eine einsame Aufgipfelung der allgemeinen deutschen Fürstenwillkür. Der «aufgeklärte Despotismus» aus Berlin, in dem auch Lessing kaum mehr Freiheit zu erkennen vermochte als das geringe Privileg, gegen Religion und Kirche aufmucken zu dürfen, enthüllt sich ihm zunehmend, und das heißt nicht zuletzt vom friedlich und selbstbewußt sich entfaltenden Hamburg aus, als ein Regime der äußersten Menschenverachtung. Die berüchtigte Anekdote vom großen Schlachtenlenker, der seine übel mitgenommenen Grenadiere mit der Parole «Hunde, wollt ihr denn ewig leben» angetrieben habe, machte damals gerade die Runde, und, wie der Klopstock-Biograph Cramer berichtet, besaß der Dichter nicht den nötigen Zynismus, die Sentenz für eine witzige Pointe zu nehmen. In den ‹*Fragmenten aus Briefen an Tellow und Elise*› schreibt er: «Die Menschlichkeit schauderte in uns allen. Klopstocks Seele ward bitter, er flüsterte mir ins Ohr: Warum es denn nicht einem von diesen Grenadieren einfiel zu sagen: *Hund, willst du denn ewig leben?*» Insofern rechnet nun aber auch die Schmähode ‹*Delphi*› nur zunächst mit dem französelnden Kulturfritzen, dann aber mit dem ganzen bösen Friedrich ab. Dem Kriegsanzettler und Expansionspolitiker, dessen phantastische Militärmaschine dem Dichter durchaus als das erscheint, was sie war: kein Instrument zur Befreiung der Bürger, sondern ein hochherrschaftliches Unterjochungsgerät.

.....

Wenn er verkent den Lorber, der mehr dem Dictator
War, wie Triumph; wird zur Ahndung ihm nicht Scham glühn?
Denn wen nant' ich! so groß war Zesar,
Daß er nur Brutus nicht glich!

Sank er nur hier? Noch wirket es fort; wird wie Waldbrand
Lang' es noch glühn, das Verkennen, das Verspotten
Seiner Deutschen, und ach des Glaubens?
Zauderer gruben den Brand

Lässiges Arms ab, lehnten sich oft auf den Spaden,
Drangen nicht tief: und so kam's denn, und hinüber
Leckt' es über den Kindergraben,
Lodert' in andres Gebüsch.

Sieht er so scharf, wie uns Neuern es gleißt, die erstaunten,
Einen, wie ihn, auf dem Throne zu erblicken?
Zeigt, wenn fester Entschluß das Herz ihm
Stählet, der Stolz ihn entflamt,

Tiefe dieß auch des Denkens? dieß etwa den Geist auch
Deß, der nicht erbt die Beherschung, die schon da ist;
Nein, Beherschung entwirft, ein Zesar,
Wandelt in That den Entwurf?

Oder gar deß, der denkender forscht, und nicht mißtrennt
Gutes, und Geist? nicht um Land spielt mit des Bürgers
Leben, da sich nicht thört, nicht wähnt, Ruhm
Wasche vom Würfel das Blut?

Ehre wüsch' ab das schreckliche Blut? Sie verewigt's!
Und ist es dann, wenn das Heer halb ins Gefild strömt,
Nur unschuldig? nicht auch, wenn Bäche
Rinnen, das Fähndel nicht droht?

Rannen nicht viel der Bäche, da sie, die Erobrung
Raste? nicht mehr, da Erfolg war, was Erfolg seyn
Mußte, Krieg, der beynah stets trächtig,
Schlacht dann, und Seuche dann warf?

Lorber des Führers dorret nicht weg, wenn ein Krieg auch
Vor dem Gericht der Aurele, sich zur Schmach, steht:
Doch die strahlendste Feldherrngröße
Schaffet den Scheusal nicht um!

Schön ist, und gut der Spruch des Gerichts der Aurele,
Weise: Kein Krieg kann gerecht seyn, so den tiefen
Grund legt ewiges Kriegs. Betüncht ihn,
Gleißt ihn; er wird nicht gerecht!

Gränzet es weit, das blutige Recht; nicht die Nothwehr
Hab' es allein! die Veredlung des Jahrhunderts
Sey euch Schwärmenden nichts, Throngottheit
Alles; er wird nicht gerecht!

Friede beascht jetzt schlummernde Glut: doch Erobrung
Wird nicht verziehn! und so bald sich mit der Zeiten
Wechsel wirbelt ein Sturm; verfliegt die
Asche, wird Flamme die Glut!

Sah er vielleicht allein nicht vorher, was vor Aller
Aug in der Fern unverhüllt lag, der Erobrung
Jammererndte? nicht hundertfältig
Sprossen Gebein aus Gebein?

Himmel! er sah's, und that doch, er that, was Entsetzen
Herschenden ist, die des Volkes, und die eigne
Majestät nicht entweihn, er that es,
Streute die schreckliche Saat!

. . . .

Keineswegs fluchwürdige Verbrechen schienen dem militanten Pazifisten dagegen Erhebung wider eine Unrechtsherrschaft oder Tyrannenmord. Es ist ja nicht uninteressant, daß Klopstock zeitlebens ein Petschaft mit eingraviertem Brutuskopf bei sich trug; so mag er sich wohl (den Hinweis haben wir ja gehört) als literarischen Brutus des Spreecäsaren empfunden haben; und mit welch furiosem Schwung er immer gegen den Krieg, «die belorberte Furie», zu Feld gezogen war, die nämliche feurige Bewegtheit finden wir bald in neuen Oden, die das Lob des Kriegers singen, «wenn er für Freiheit kämpft oder wider ein Ungeheuer» (*‹Die Krieger›*, 1778, *‹Der jetzige Krieg›*, 1781). Aber der 81er Panegyrikus auf den amerikanischen Unabhängigkeitskampf war nur ein Auftakt. Als die Befreiung des Bürgertums dann auch in Europa in greifbare Nähe rückt, Umsturz sich anbahnt, in jenem Frankreich gar, woher die deutschen Duodezköpfe bisher ihre Ausbeutungsmuster und Unterdrückungsmodelle bezogen, wird Klopstock – ein mittlerweile Mann von 65 Jahren – Deutschlands erster und eifrigster Revolutionssänger. Wo die Verhältnisse in Deutschland ihm die Einsicht früher so sehr verdunkelt hatten, daß seine Hoffnungen sich schon nur noch in eine historische Hermannswelt zu verflüchtigen wagten: mit der Einberufung der «Etats generaux», das heißt noch vor ihrem tatsächlichen Zusammentreten im April 1789, zerteilt sich ihm plötzlich das ganze mythologische Gewölk, eröffnet sich ihm der Einblick in real und aktuell bestehende Möglichkeiten.

Der kühne Reichstag Galliens dämmert schon,
Die Morgenschauer dringen den wartenden
Durch Mark und Bein: o kom, du neue,
Labende, selbst nicht geträumte Sonne!

Gesegnet sey mir du, das mein Haupt bedeckt,
Mein graues Haar, die Kraft, die nach sechzigen
Fortdauert; denn sie war's, so weit hin
Brachte sie mich, daß ich dieß erlebte!

«Die Erfahrung mit Deutschland und seinen Fürsten», schreibt Walter Muschg in seiner *‹Tragischen Literaturgeschichte›* (die für ferngelenkte Schicksalsschläge viel, für naheliegenden Überlebensmut wenig Zeit verwendet), diese Erfahrung also «trieb den Alternden, der sich einst zum poeta vates der Deutschen geboren geglaubt hatte, in einen Radikalismus hinein, mit dem er vollends den Boden unter den Füßen verlor». Welcher bodenlose Unfug! Wo doch ganz offensichtlich ist, daß der aus Mangel an geeignetem Vaterland zugleich in die Fremde *und* in archaische Ganzheits- und Gleichheitsmythen Getriebene endlich wieder (radikal, allerdings) in festem Grunde wurzelt. Geradezu schlagartig rücken sich ihm nun auch die deutschen Verhältnisse zurecht. So jäh und vehement, daß er seinen Landsleuten die frohe Kunde von Revolution und Republik gar nicht schnell genug übermitteln kann; daß er sie spontan bei ihrem eingeschlafnen Bewußtsein packen möchte, ihnen mit der Nachricht den Anstoß vermitteln, sie zum Nachtun bewegen, sie aus ihrem Erkenntnisdämmer herausreißen wie es ihn selbst herausriß: gewaltsam und überfallartig. «Sie und nicht wir» – «Erkennet euch selbst» – so lauten jetzt seine neuen Titelappelle, wahrhaftige Bewußtseinsappelle und alles andere als die von Muschg diagnostizierte Altersverblödung.

Kennet euch selbst

Frankreich schuf sich frey. Des Jahrhunderts edelste That hub
Da sich zu dem Olympus empor!
Bist du so eng begränzt, daß du sie verkennest, umschwebet
Diese Dämmerung dir noch den Blick,
Diese Nacht: so durchwandre die Weltannalen, und finde
Etwas darin, das ihr ferne nur gleicht,
Wenn du kanst. O Schicksal! das sind sie also, das sind sie
Unsere Brüder die Franken; und wir?
Ach ich frag' umsonst; ihr verstummet, Deutsche! Was zeiget
Euer Schweigen? Bejahrter Geduld
Müden Kummer? oder verkündet es nahe Verwandlung?
Wie die schwüle Stille den Sturm,
Der vor sich her sie wirbelt, die Donnerwolken, bis Glut sie
Werden, und werden zerschmetterndes Eis!
Nach dem Wetter, athmen sie kaum die Lüfte, die Bäche
Rieseln, vom Laube träufelt es sanft,
Frische labet, Gerüch' umduften, die bläuliche Heitre
Lächelt, das Himmelsgemählde mit ihr;
Alles ist reg', und ist Leben, und freut sich! die Nachtigall flötet
Hochzeit! liebender singet die Braut!
Knaben umtanzen den Mann, den kein despot mehr verachtet!
Mädchen, das ruhige, säugende Weib.

Sie, und nicht wir

An La Roche foucauld

Hätt' ich hundert Stimmen; ich feyerte Galliens Freyheit
Nicht mit erreichendem Ton, sänge die göttliche schwach.
Was vollbringet sie nicht! So gar das gräßlichste aller
Ungeheuer, der Krieg wird an die Kette gelegt!
Cerberus hat drey Rachen; der Krieg hat tausend: und dennoch
Heulen sie alle durch dich, Göttin, am Fesselgeklirr.
Ach mein Vaterland! Viel sind der Schmerzen; doch lindert
Sie die heilende Zeit, und sie bluten nicht mehr.
Aber es ist Ein Schmerz, den sie nie mir lindert! und kehrte
Mir das Leben zurück; dennoch blutet' er fort!
Ach du warest es nicht, mein Vaterland, das der Freyheit
Gipfel erstieg, Beyspiel strahlte den Völkern umher:
Frankreich wars! du labtest dich nicht an der frohsten der Ehren,
Brachest den heiligen Zweig dieser Unsterblichkeit nicht!
O ich weiß es, du fühlest, was dir nicht wurde; die Palme,
Aber die du nicht trägst, grünet so schön, wie sie ist,
Deinem kennenden Blick. Denn ihr gleicht, ihr gleichet die Palme,
Welche du dir brachst, als du die Religion
Reinigtest, sie, die entweiht Despoten hatten, von neuem
Weihtest, Despoten voll Sucht Seelen zu fesseln! voll Blut
Welches sie strömen ließen, so bald der Beherrschte nicht glaubte,
Was ihr taumelnder Wahn ihm zu glauben gebot.
Wenn durch dich, mein Vaterland, der beschornen Despoten
Joch nicht zerbrach; so zerbrach das der gekrönten itzt nicht.
Könnt' ein Trost mich trösten; er wäre, daß du vorangingst
Auf der erhabenen Bahn! aber er tröstet mich nicht.
Denn du warest es nicht, das auch von dem Staube des Bürgers
Freyheit erhob, Beyspiel strahlte den Völkern umher;
Denen nicht nur, die Europa gebar. An Amerika's Strömen
Flamt schon eigenes Licht, leuchtet den Völkern umher.
Hier auch winkte mir Trost, er war: In Amerika leuchten
Deutsche zugleich umher! aber er tröstete nicht.

Man sieht, was alles sich mischt: frisch geweckter Bürgerstolz mit der Scham, im Wettbewerb um die Palme, im Konkurrenzstreit um den Fortschritt hintanzustehen; aber auch sehr hitzige Umwälzvorstellungen spielen deutlich herein, apokalytische fast, in gedrängte Gewitterbilder gefaßt wie sie nur die neuen Kunstanschauungen *und* ein von Grund auf verändertes Naturgefühl zuwege bringen konnten. Unleugbar gegenwärtig dabei immer die Furcht, das große Ereignis möchte in Deutschland schließlich folgenlos bleiben, die Flamme nicht überschlagen. Als sich die politischen Verhältnisse dann gar im Gegensinne zu allen guten Hoffnungen entwikkeln, die Konterrevolution sich auf deutschem Boden zu organisieren beginnt, adlige Emigranten dem Herzog von Braunschweig ein Manifest zur Befreiung des gefangen gesetzten Franzosenkönigs zuleiten und die in eigensüchtige Interessen zerspaltenen Fürsten ihren gemeinsamen Nenner in einem Interventionsheer suchen, da schärft aufgebrachtester Zorn dem Dichter noch einmal die Feder. Vollkommen unfaßlich erscheint dem bürgerlichen Patrioten diese reaktionäre Allianz, als unglaublicher Rückfall in vergangen gehoffte Zeiten das aggressive Militärbündnis. Und als Anwalt der nie Befragten, der «Gemeinen des Heeres, deren Blut auch Wasser nicht ist», schickt er dem Oberbefehlshaber der Koalitionstruppen, dem ihm persönlich bekannten Karl Wilhelm Ferdinand von Braunschweig, eine geharnischte Warnode ins Feldlager.

Der Freyheitskrieg

Weise Menschlichkeit hat den Verein zu Staaten erschaffen,
Hat zum Leben das Leben gemacht!
Wilde leben nicht; sie sind jetzt Pflanzen, dann athmen
Sie als Thier' ohne Seelengenuß.
Hoch stieg in Europa empor des Vereins Ausbildung,
Naht dem letzten Ziele der stets mehr;
Ist nicht des Zeichners Entwurf, ist beynahe Künstlervollendung,
Raphaels, oder Angelo's Werk,
Raphaels, oder Angelo's Werk, wenn der Zauber der Farb' auch
Hier und da Verzeichnung beschönt.
Aber so bald die Beherscher der Nazionen statt ihrer
Handeln; dann gebeut kein Gesetz,
Das dem Bürger gebeut, dann werden die Herschenden Wilde,
Löwen, oder entzündendes Kraut.

Und jetzt wolt ihr sogar des Volkes Blut, das der Ziele
Letztem vor allen Völkern sich naht,
Das, die belorberte Furie, Krieg der Erobrung, verbannend,
Aller Gesetze schönstes sich gab;
Wolt das gepeinigte Volk, das Selbsterretter, der Freyheit
Gipfel erstieg, von der furchtbaren Höh,
Feuer und Schwert in der Hand, herunter stürzen, es zwingen
Wilden von neuem dienstbar zu seyn;
Wolt, daß der Richter der Welt, und, bebt, auch eurer, dem Menschen
Rechte nicht gab, erweisen durch Mord!
Möchtet ihr, ehe das Schwert von der Wunde triefet, der Klugheit
Ernste, warnende Winke verstehn!
Möchtet ihr sehn! Es entglüht schon in euren Landen die Asche,
Wird von erwachenden Funken schon roth.
Fragt die Höflinge nicht, noch die mit Verdienste gebornen,
deren Blut in den Schlachten euch fließt;
Fragt, der blinken die Pflugschaar läßt, die Gemeinen des Heeres,
Deren Blut auch Wasser nicht ist:
Und durch redliche Antwort erfahret ihr, oder durch lautes
Schweigen, was in der Asche sie sehn.
Doch ihr verachtet sie. Spielt denn des neugestalteten Krieges
Nie versuchtes, schreckliches Spiel,
Alzuschreckliches! Denn in den Kriegen werden vergötzten
Herschern Menschenopfer gebracht.
Sterbliche wissen nicht, was Gott thun wird: doch gewahren
Sie, wenn große Dinge geschehn,
Jetzt sein langsames Wandeln, jetzt donnernden Gang der Entscheidung,
Der mit furchtbarer Eil' es vollbringt.
Wer zu täuschen vermag, und mich liebt, der täuscht den Erlebung
Wünschenden, weissagt donnernden Gang.

Der weitere Verlauf der Geschichte ist bekannt. Der Interventionsfeldzug läßt sich nicht im entferntesten so leicht und lustig an, wie erwartet. Der massive Druck von außen befördert vielmehr die innere Explosibilität, provoziert direkt den Sturm auf die Tuilerien und, nachfolgend, die Hinrichtung Ludwigs XVI. Propagandistisch hochgespielt, bietet die Enthauptung des Königs einigen Angrenzerstaaten den dankbar benutzten Vorwand, gegen Frankreich und besonders natürlich gegen die neue französische Krankheit Front zu machen. Als schließlich England und Spanien mit in den Krieg eingreifen, und der immer noch machtvolle Royalismus zu neuen Gewalttaten ermuntert wird, radikalisiert sich die revolutionäre Bewegung vollends. Militärische Mißerfolge, innere Versorgungsschwierigkeiten und die wachsende Furcht vor konterrevolutionären Rückschlägen leiten über zu jenem sogenannten Schreckensregiment, in dem die Jakobiner zunächst das girondistische Besitzbürgertum liquidieren, dann, auf einen martialischen Gesamtstreich, die hébertistischen Linksüberhänger und die von Danton geführten Indulgenten. Während die Generäle La Hoche und Kléber in der Provinz noch immer in erbitterte Kämpfe mit royalistischen Aufgeboten verwickelt sind, reorganisiert Carnot indes das Militärwesen von Grund auf, schafft «totale Mobilmachung» jenes logistische und ideologische Fundament, das einen Jean-Baptiste Jourdan erst befähigt, ins österreichische Belgien und in die Niederlande vorzustoßen.

Diese im historischen Rückblick leicht durchschaubare Dialektik von äußerer Bedrohung und kritischer Überhitzung im Innern, von konterrevolutionärer Gefahr und ausuferndem Patriotismus, von ökonomischer Insuffizienz und einem zu jedem Terror bereiten Selbstbehauptungswillen noch zu erkennen, war Klopstock – jetzt wieder gezielt auf ihn zurückzuführen – nicht mehr gegeben. Um seine Erkenntnissperren nicht von vornherein zu mystifizieren, halten wir fest, daß auch sein Bewußtsein natürlich nicht unabhängig zu denken ist von seinen mittlerweile gefestigten Wirtschaftsverhältnissen und seiner alltäglichen Umgebung Hamburger Großbourgeoisie, für die die Verhältnisse in Frankreich ein vorsichtig kalkulierter Handelsposten sind. In diesem Freundeskreise ist der Großkaufmann Georg Heinrich Sieveking gewiß eine der liberalsten und eigensinnigsten Erscheinungen. Über ihn schreibt ein Weimarer Bürger namens Böttiger im Jahre 1795:

«Sein eigener Mut war es doch, der ihn, trotz aller ihn unmittelbar bedrohenden Gewitter und Verfolgungen, während des ganzen Krieges öffentlich die Partei der Franzosen ergreifen und dadurch sich und den übrigen Hamburger Kaufleuten eine Goldgrube eröffnen hieß, aus welcher bis jetzt zum Verdruß des ganzen übrigen Deutschlands Millionen aus Frankreich nach Deutschland abgeführt werden.» Aber während des solitären Sieveking politische Spekulationen sich in geradezu schneidiger Risikolust mit seinen Kapitaleinsätzen verbinden, schlägt das Gesinnungsrepublikanertum der übrigen Geschäftswelt in dem Maße um, wie die plebejischen Tendenzen in Paris die Oberhand gewinnen und – nach Ausschaltung zumal der Girondisten – die Hoffnung auf honorige Handelspartner zu schwinden scheint. Diese antijakobinisch getönte Investitionsfurcht und die unter dem Einfluß nicht nur mächtiger, sondern auch kapitalkräftiger Emigrantenströme zur Gallophobie sich verfestigenden Handelsvorbehalte werden von Klopstock nun sozusagen verinnerlicht. Sein bürgerlicher Humanitätsbegriff, in dem wohl der Tyrannenmord noch Platz hat, aber nicht mehr der bis aufs Blut erbitterte Klassenkampf, erweist sich immer mehr als Sichtblende. Seine durchaus vorhandenen Sympathien für den Defensivkrieg, die vielleicht allzu formalistisch vor dem Status quo der gegebenen Landesgrenzen Halt macht, werden durch die französischen Expansionen außer Kurs gebracht. So beginnen Klopstocks Gedanken nun unentwegt um die verratene Freiheit, die gebrochenen Friedensschwüre, die liquidierte Menschlichkeit zu kreisen, fordern die neuen Gedichte der Jahre zwischen 1793 und 1795 den eben noch so herzlich gespendeten Beifall wieder ein. In schmerzlichen, zum Teil selbstanklägerischen Oden widerruft er seine hingebungsvolle Parteinahme (*‹Mein Irrthum›*, *‹Der Erobrungskrieg›*), bespricht er sich mit den Schatten der hingemordeten Vertrauten (*‹Die beiden Gräber›*, *‹An La Rochefoucauld's Schatten›*), geht er in beinahe kopfloser Unerbittlichkeit mit den «tollhauswütigen Richtern» ins Gericht (*‹Das Neue›*, *‹Die Erscheinung›*, *‹Nantes›*, *‹Die Vergeltung›*).

Die Jakobiner

Die Korporazionen (Verzeiht das Wort,
Das schlecht ist, wie die Sache.) vernichtete
Das freye Frankreich; durchgehauen,
Zuckten im Sande die kleinen Schlangen.

Und doch erhob sich neben den liegenden
Die Korporazion, der Jakoberklub!
Ihr Kopf durchrast Paris, und ihre
Schlängelung windet sich durch ganz Frankreich.

Ha, täubet euch denn Taubheit? vernehmt ihr nicht,
Wie sie aus ihrem scheußlichen Innersten
Musik beginnt, die selten zweymal
Hörte der Wanderer? wie sie klappert?

Treibt ihr die Riesenschlang' in die Höhle nicht
Zurück, und wälzt nicht Felsen dem Schlunde vor;
So wird ihr Geiferbiß die Freyheit,
welch' ihr erschuft, in den Staub euch stürzen.

Das Neue

Neues gescheh nichts unter der Sonne? und die Verfolger
jener Freyheit, wie sie noch die Geschichte nicht kent,
Feyren gleichwohl ein Siegesfest, daß die himmelgeborne
An der Kette, die sie sinnlos ihr ringten, verstumt;
Singen, den Ton volksbühnisch, am Fest der Sanscülottiden,
Hottentottade: «U-amp Marat, wir beten dich an,
Der du in dir die Götter des siebenarmigen Stromes,
Diese der lehrenden Welt unsrer gelehrigen zeigst,
Dich, dem Mirabo sank, und der sie alle noch wegstrahlt
Aus dem Tempel, Nu-ap Marat! Marat Hir-op!
Pandämonion war der Tempel, eh, Marat, du einzogst;
Aber du kamst! und er war Pantheon, Marat Gha-ip!
Lebe die Klubbergmunizipalgüllotinoligokra-
Tierepublik! und Gha-ip schütz' uns vor Hunger und Pest!»
Auch Verwünschungen sprechen sie aus; die Verwünschenden brüllen:
La Fajet! und ihr, Roland! la Roschefuko!
Balji! du von Etamp! Gesegnet sey uns, o Schurdang!
Sey dein Ronseng, und sey .. Aber mir sinket der Laut,
Weigert sich fortzunennen. Wie viel, und welche Verbrechen
Gräbt, für der Nachwelt Spruch, einst die Geschicht' in ihr Erzt!
Doch die jetzige Welt ist Nachwelt, setzet sich, richtet
Gleiches Gericht; wenn die That nakt vor das Auge sich stellt.
Nakt steht: Herschende Buben sie brauchen, wer von der Herschsucht
Glühet, wie sie: gebraucht, wandert er auf das Schafot.
Jene kennen das Volk: Es will Despoten! und Schauspiel!
Fliegt zu der Bühne, so bald einer den anderen würgt.
Marat entrann dem Schafot; nun sollt' er, selbst nach dem Tode,

Ihnen noch fröhnen: und so machten sie ihn zu 'nem Gott.
Nakt steht da die Rache an Tulongs Bürger. Dem Tode
Schon zum Opfer gekränzt, duldet' er feindlichen Schutz.
Bürgerpflicht war nicht, daß er schlachten sich ließ', und erlaubt nicht
Selbstmord: aber erlaubt Leben im rettenden Arm.
Nakt steht da, was geschah: Als Stellvertreter zu Kerker
Gehen sollten! Als roth strömte der Rhodan! Als sie,
(Scheußlich nakt steht dieses da, mit zischenden Schlangen-
Haaren, blauem Gesicht, sengenden Augen) als sie,
Welche Befreyung hieß, und Eroberung war, nach des schönsten
Wortes Bruche, ihr Haupt, Allen Entsetzen! ihr Haupt
Aus der Höll' erhub, und die Völker zwang, den geliebten
Namen Freyheit, den auszusprechen mit Gram.
Aber wer kann sie zählen die Thaten der ehernen Unscham?
Und wer möcht' es? Ihr seht lieber vom Schrecklichen weg.
Einsame Bäume verbergen sie nicht die unendliche Waldung,
Etliche gute das Heer schwarzer Handlungen nicht.
Ganze lange Jahrhunderte sind vorübergegangen,
Eh das gehende dieß, ach dieß Neue gebar;
Eh, nach solcher Brüderlichkeit, so traulichen Festen,
Wo die Freud' und der Tanz Mädchen und Liebender war,
Sich herwälzete unter der Sonne die gräßliche, blinde,
Blutige Mißgeburt, schaffend den Schauer zum Stein.
Und den Stein zum Erbarmer! O weint nicht zu bittere Thränen;
Denn die Freyheit trägt Ketten nur, ist nicht entflohn.
Wißt ihr, auf welche Rettung sie wieder sinnet? und wißt ihr,
Ob es mit dieser ihr nicht mehr wie der ersten gelingt?
Ach, sie kennen mich nicht, so dachte sie; doch wie vermögen
Ferne Menschen zu sehn, wer die Unsterblichen sind.
Darum send' ich ihnen, statt meiner, daß sie mich kennen!
Eine Sterbliche. «Geh, Arria Kordä!» Sie ging.

Die beyden Gräber

Wessen ist dieses Grab?
«Wanderer, Roschefoko's.»
Wessen ist dieses noch lockere?
«Kordä's Grab.»

Ich geh, und ich samle Blumen,
Sie auf eure Gräber zu streun;
Denn ihr starbt für das Vaterland!
«Samle nicht.»

Ich geh, und ich pflanze die Thränenweide,
Daß sie um eure Gräber wehe;
Denn ihr starbt für das Vaterland!
«Pflanze nicht.

Aber so bald du weinen kanst;
(Wir sehn es in deinem Blick,
Guter Wanderer,
Daß du noch nicht weinen kanst!)

Kehre dann zu unseren Gräbern zurück,
Und weine,
Aber blutige Thränen!
Denn wir starben umsonst für das Vaterland!»

Das Dilemma ist offensichtlich, der Tatbestand unbequem. Der Mann, dessen man sich eben noch für die Sache der Revolution ganz sicher glaubte, entzieht sich – unerhoffter Renegat – dem Zugriff. Partei- und Anteilnahme erklären sich rückblickend für verhängnisvollen «Irrthum». Der von der völkischen Literaturbetrachtung bereits verloren gegebene Sohn kehrt nach Walhall zurück und in den deutschnationalen Tugendhimmel wieder ein. Lassen wir den Applaus zur Rechten aber einmal ganz aus dem Spiel und wenden uns lieber der auf der linken Seite des klopstockischen Alterswerkes gestifteten Verwirrung zu. Hier wäre zuallererst sicherzustellen, daß sich unser «Reaktionär» gewiß nicht aus sich selbst erschuf und zweitens, daß sich kopfloses Entsetzen nicht immer schon aus einem Mangel an richtigem Bewußtsein herleitet. Zu leicht übersieht man in Zeiten, wo das vergossene Blut längst vom Löschpapier der

Historie aufgesogen ist und auch die abgetrennten Häupter der Vergangenheit so weit entrückt sind wie ein Bilderbogen aus Epinal, daß auch die hochverehrte, die Französische Revolution zeitweilig nur mörderische Züge und einen abgründigen Hang zur Anarchie erkennen ließ. Was sich im nachhinein oft allzu willig in dialektisch plausible Zusammenhänge fügt und fast eine hübsche ästhetische Figur macht, mochte dem anteilnehmenden Zeitgenossen wo nicht als wüstes Konglomerat abstoßender Begebenheiten, so doch als schlimmste Möglichkeit vieler der Zeit gegebener anderer erscheinen. Um so mehr gilt festzuhalten, daß Klopstock die grundsätzlichen menschenrechtlichen Errungenschaften der Revolution niemals in Frage stellte, daß er dem vom Volkszorn hingeurteilten Ludwig keine falsche Träne nachweinte, ja, daß er sich gegen den massiven Druck der Freunde, beispielsweise Lavaters, und gegen die Pressionen auch der öffentlichen Meinung nicht bereit finden mochte, das ihm im August 1792 verliehene Ehrenbürgerdiplom zurückzusenden. Seine zahlreichen Erklärungen diesbezüglich beharren nachgerade starrköpfig auf bestimmten demokratischen Essentialen, die durch die Revolution gesetzeskräftig gemacht und der französischen Nation zugute zu rechnen seien. Was er bekämpft, mit dem Ingrimm des emotional bewegten Menschenrechtlers, sind die flagranten Verletzungen der Brüderlichkeitsversprechen, insbesondere aber jene Wohlfahrtsdespoten, die sich in autoritärer Selbstgerechtigkeit zu Weltenrichtern, beziehungsweise zu Scharfrichtern ihrer Mitwelt aufwarfen. Das aber hat nun gewiß nicht allein mit einem Mangel an Wirklichkeitssinn zu tun und auch nicht mit den schwachen Nerven der deutschen Geistesaristokratie. Ihre viel verlästerten schwachen Nerven waren eben ein Teil ihrer moralischen Sensibilität und ihre moralischen Empfindsamkeiten wiederum Teil und Motor und Antriebskraft aller humanitären Fortschrittsvorstellungen bis heute hin.

Betrachten wir den teils leidigen, teils aufregenden Kasus noch einmal unter individualpsychologischem Blickwinkel und nachfolgend als ein Problem literarischer Motivwahl und Ausdrucksweise, so fällt auf, daß sich Klopstocks politische Altersliebe, zu Tode enttäuscht, immer wieder im Bilde des verstoßenen Liebhabers zu fassen sucht. Die leidenschaftlichste Neigung, der sich der Alternde beinahe rückhaltlos ausgeliefert hatte, sieht sich auf dem Gipfel einer lebenslangen Erwartung verraten. Der mutige Sprung aus den Himmeln einer archaischen Idealität auf den Boden republikanischer Wirklichkeit wird, schaudernd, als ob ein Sturz ins Bodenlose erkannt, und, egal ob es uns angenehm ist oder nicht, knirschend vor Verzweiflung verkehrt enttäuschte Liebe sich zu hochbrisantem Haß. Das Verhältnis zur Revolution ist dabei immer noch herzlich ambivalent. Weder ist der Dichter imstande, sich von ihr loszureißen, noch seine Leiden auch nur einigermaßen zu rationalisieren. Aller freudigen Aussichten ledig, starrt er mit nahezu masochistischer Vernarrtheit auf diesen ihm einzig interessant erscheinenden Punkt der Weltgeschichte, entzaubert und festgenagelt in einem. Weil er aber der Kopf nicht ist, nie war, die Wirklichkeit erkenntniskritisch zu durchdringen, geraten alle Entzauberungsanstrengungen nur wieder zur magischen Beschwörungsprozedur. So mündet der hoffnungsvoll begonnene Kehraus in einem von fürstlichen Löwen und königlichen Adlern bevölkerten Feudalzoo jetzt in die negative Dämonologie einer «Klubbergmunizipalgüllotinoligokra-Tierepublik». Kaum ein Gedicht bis Ende 1795, dem nicht unter der Hand «Natternwurzeln», «Eisenherz» und «Wolfsgesicht» entsprießen, und noch im bescheidensten Liedchen auf «Metas Hündchen» mischt sich als spukender «Höllenhund» ein Robespierre ins Spiel.

Mit einem richtigen runden Altersstil, wie ihn die Literaturwissenschaft betagteren Dichtern abzuverlangen sich angewöhnt hat, hat das natürlich alles wenig zu tun. Kaum verwunderlich scheint uns, daß die herkömmliche Literargeschichtsschreibung zwar die Rekonversion eines in demokratische Niederungen abgeirrten Gerechtigkeitsphantasten dankbar vermerkte, dieses Äußerste an Fassungslosigkeit aber nicht mehr zu fassen wußte. Zu fern dem Wunsch nach klassizistischer Verkalkung dieser selbst in der Negation noch abdominable Johannistrieb. Zu kontrovers der «herzrührenden Schreibart» des jugendlichen Enthusiasten diese wahrhaft herzzerreißende. In gewaltig ausschwingenden, dann wieder kraß zerklüfteten, interjektionszerrissenen Perioden bietet sich uns ein poetisches Wildpanorama dar, himmel- und höllenweit entfernt vom säuberlich planierten Weimar, tief zeitverfallen und – prall von manieristischen Wortmonstren und gewaltsamen Neologismen – ohne Rücksicht auf die Ewigkeitswerte. Zwar werden unbeugsam sentimentalische Revolutionsliebhaber darin so wenig Erbauung finden wie die Fürsprecher einer harmonierenden Ruhestandsliteratur; und auch wir selbst wollen gern gestehen, daß wir am Ende lieber den aufgeklärten Parteimann im Verein mit dem lyrischen Funkeninduktor gesehen hätten. Solche Idealverbindungen finden sich freilich nur selten, vielleicht weil sich die Kunst der lyrischen Beschwörung mit den Forderungen überlegter Gedankenprosa einfach nicht zusammenreimt, es sei denn in der Phantasiewelt praxisferner Literaturideologen.

Bleibt zum Schluß allenfalls nachzutragen, daß, als die Revolution ihr zerrissenstes Kind schließlich doch noch freigab und die Schreckensbilder sich verflüchtigten wie einst die himmelgreifenden Illusionen, tatsächlich noch so etwas wie ein Altersstil in Sicht kam: wissenschaftliche Lehroden, gesetzt und auch ein wenig abgestanden; Aufgüsse früherer Friedhofsgedanken, aber leicht nach Lebensbaum schmeckend; nostalgisch verklärte Variationen auf den Schnee der vergangenen Jahre, die Winterfreuden der Jugend – und die privat als öffentliche Lebenskrönung empfundene Aufnahme in das französische Nationalinstitut, eine kulturelle Überbauorganisation der napoleonischen Militärbürokratie. Klopstock starb am 14. März 1803 in seinem Haus in der Hamburger Königstraße. Begraben wurde er am 22. März vor den Toren der Christianskirche zu Ottensen, heute Hamburg-Altona: mit allen unangemessenen militärischen Ehren und klerikal-chauvinistischen Mißverständnissen wie sie sich über Kindermann und Kindt bis in unsere Tage fortgeerbt haben.

Bibliografische Hinweise

I. Werkausgaben

Klopstocks sämmtliche Werke. Leipzig (Göschen) 1798–1817
– 12 Bde. Leipzig (Göschen) 1823
– 10 Bde. Leipzig (Göschen) 1854/55
Klopstocks Oden und Elegieen mit erklärenden Anmerkungen und einer Einleitung von dem Leben und den Schriften des Dichters. Von C. F. R. Vetterlein. Bd. 1–3 Leipzig 1827/28
Klopstocks Werke. Hsrg. von R. Hamel. Berlin 1883/84 (Deutsche National-Litteratur 46–48)
Friedrich Gottlieb Klopstock: Oden. Auswahl mit Einleitung und Anmerkungen. Hrsg. von H. Düntzer, 3. Aufl. Leipzig 1887
Friedrich Gottlieb Klopstocks Oden. Mit Unterstützung des Klopstockvereins zu Quedlinburg. Hrsg. von F. Muncker und J. Pawel. 2 Bde. Stuttgart 1889
F. G. Klopstock. Oden. Auswahl und Nachwort von Karl Ludwig Schneider. Stuttgart 1966 (Reclamband 1391/92)
Friedrich Gottlieb Klopstock. Der Messias. Oden und Elegien. Epigramme. Abhandlungen. Auswahl hrsg. von Uwe-K. Ketelsen. Reinbek 1968 (Rowohlts Klassiker 512/513)

II. Lebensbeschreibungen und Untersuchungen

Baggesen, Jens: Klopstock. Erinnerungen eines Zeitgenossen. Der Norden. 16. Jg. 1939
Beißner, Friedrich: Klopstocks vaterländische Dramen. Weimar 1942
– Klopstock als Erneuerer der deutschen Dichtersprache. In: Zeitschrift für Deutschkunde 56, 1942
– Klopstocks Ode ‹Der Zürchersee›. Münster–Köln 1952
Betteridge, Harold T.: Young Klopstock. A psycholiterary study. In: Orbis litterarum 15, 1960
Böger, Irmgard: Bewegung als formendes Gesetz in Klopstocks Oden. Berlin 1939 (Germanische Studien 207)
Böttiger, Carl August: Klopstock im Sommer 1795. Ein Bruchstück aus meinem Tagebuche. In: Minerva, Taschenbuch für das Jahr 1816
Cramer, C. F.: Klopstock; Er; und über ihn. Th. Hamburg 1780 Th. 2: Dessau 1781. Th. 3: Dessau 1782. Th. 4: Leipzig und Altona 1790. Th. 5: Leipzig und Altona 1792
– Klopstock (In Fragmenten von Tellow an Elisa.) Hamburg 1777. Fortsetzung Hamburg 1778
Freivogel, Max: Klopstock der heilige Dichter. Bern 1954. Diss.
Grimm, Reinhold: Marginalien zu Klopstocks Messias. In: German. romanische Monatsschrift, NF Bd. XI, H. 3. 1961
Großer, Paul: Der junge Klopstock im Urteil seiner Zeit. Breslau 1937. Diss.
Jahnn, Hans Henny: Klopstocks 150. Todestag. In Werke und Tagebücher, Hamburg 1974, Bd. 7
Kaiser, Gerhard: Klopstock. Religion und Dichtung. Gütersloh 1963

Kindt, Karl: Klopstock. Berlin–Spandau 1941
Kirschstein, Max: Klopstocks deutsche Gelehrtenrepublik. Berlin–Leipzig 1928
Lappenberg, J. M.: Briefe von und an Klopstock. Braunschweig 1867
Lüdtke, Heinrich: Klopstock und unsere niederelbische Heimat. Altona 1928
Magon, Leopold: Aus Klopstocks dänischer Zeit. In: German. romanische Monatsschrift 12. Jg., 1924
Muncker, Franz: Friedrich Gottlieb Klopstock. Geschichte seines Lebens und seiner Schriften. 2. Aufl. Berlin 1900
Pape, Helmut: Die gesellschaftlich-wirtschaftliche Stellung Friedrich Gottlieb Klopstocks. Bonn 1962. Diss.
– Klopstocks Autorenhonorare und Selbstverlagsgewinne. Frankfurt a. M. 1969
Rasch, Wolfdietrich: Freundschaftskult und Freundschaftsdichtung im deutschen Schrifttum d. 18. Jh. Halle 1936
Schleiden, Karl August: F. G. Klopstock. Der Begründer der neueren dt. Dichtung. In: Deutschunterricht 8, 1956
Schneider, Karl Ludwig: Klopstock und die Erneuerung der dt. Dichtersprache im 18. Jh. Heidelberg 1960
Sickmann, Ludwig: Klopstock und seine Verleger Hemmerde und Bode. Frankfurt a. M. 1961 (Archiv f. Geschichte d. Buchwesens 25)
Strauß, David Friedrich: Klopstocks Jugendgeschichte. In: Gesammelte Schriften 10. 1871
Tiemann, Hermann: Meta Klopstock, geborene Moller: Briefwechsel mit Klopstock, ihren Verwandten und Freunden. 3 Bde. Hamburg 1956
Tiemann, Franziska und Hermann: Geschichte der Meta Klopstock in Briefen. Bremen 1962
Wiegand, Julius: Zur lyrischen Kunst Walthers, Klopstocks und Goethes. Tübingen 1956
Zak, E.: Die nationale Leistung Klopstocks. Neue Deutsche Literatur 1953, H. 3

Peter Rühmkorf
... und das Ich

M: «Walther, Klopstock und ich» – das klingt schon ein bißchen hochfahrend. Mancher wird es vielleicht als Anmaßung empfinden.

R: Der Titel ist zu allererst eine Aneignung. Vor einem Jahr etwa unterhielt ich mich mit Helmut Heißenbüttel über Funk über Möglichkeiten und Schwierigkeiten der literarischen Tradition. Heißenbüttel hängte unserm sphärischen Exkurs dann diesen – wie mir damals schien – etwas ironisierenden Reiseanhänger an. Aber in Ordnung, aber gut, hab ich dann gedacht: ziehen wir uns den Titel einfach einmal zu und *variieren* ihn in dem Sinn von «Walther – Klopstock – und das Ich».

M: Womit die Privatperson aus der Klemme war, und das «lyrische Ich» an ihre Stelle trat.

R: *Moment!* Da sollten wir aber doch noch ein wenig Zeit für diejenigen erübrigen, die in den frühen und mittleren Fünfzigern nicht an der Diskussion teilnehmen konnten. Dieses sogenannte «lyrische Ich» war ja damals so etwas wie ein repräsentativer Rollenträger – meines Wissens zuerst von Gottfried Benn ins Programm gebracht und von soundsoviel Nachfolgern bald en suite nachgestellt: ein Ich, das praktisch nur im Aggregatzustand des Gedichts existiert und mit dem dahinterstehenden Subjekt nicht viel zu tun haben soll. Dieses Ich also meine ich nicht. Dieses Sagen-wir-mal-ich-Ich scheint mir eher eine zeitlich bedingte Kunstfigur aus Selbstverhüllung und Selbststilisierung: immer nur gefaßt zu fassen und von dem Produzenten wie mit der Pinzette vor sich hergetragen: ein Ich ohne Vergangenheit, Herkunft, sozialen Werdegang, private Eintrübungen, biografische Bedingtheiten: etwas gewissermaßen Unbedingtes! – Nein, das Ich, das wir hier ins Auge fassen wollen und für das ich ganz allgemein um Interesse bitte, ist zuallererst ein Gesellschaftsprodukt. Es bildet sich unter dem Druck und dem Zug von sehr bestimmten sozialen Prägekräften und tritt eigentlich auch nur umständehalber in Erscheinung. In bestimmten charakteristischen Spektren aber von Zeit zu Zeit als eine Art von Typus.

M: Ein Ich, nicht schlechthin ewigmenschlich, aber mit Tradition.

R: In Zusammensetzungen, die immer mal wieder auftauchen.

M: Am Ende des Hochmittelalters – im Zeitalter der Empfindsamkeit – und nun, nach deiner Meinung, augenblicklich heute.

R: In einer Zeit neuen Grundlagenfließens und neuer Klassenspannungen, ja, darum geht es.

M: Ist es so, daß immer dann, wenn eine Klasse sich selbst zum Problem wird, auch das Ich in eine kritische Phase tritt?

R: Solange eine Klasse unangefochten herrscht, hat das Ich überhaupt keinen Grund, sich große Gedanken über sich selbst zu machen. Nicht einmal Pesten, Jahrhundertkriege, Hungersnöte, Naturkatastrophen, was weiß ich, reichen hin, das Ich aus seiner sei's erhabenen, sei's geduckten Reserve zu locken und ihm Gedanken über sich selbst abzunötigen. Und nun sieh dir dagegen die Zeiten erhöhter sozialer Bodenerschütterungen an – nicht schon manifeste Revolutionen – was können wir konstatieren? Das bishin gesammelte oder doch am Ausdruck seiner selbst ziemlich uninteressierte Ich wird irre an seinen alten Zusammensetzungen; es beginnt, seine Knochen neu zu sortieren, seine Wesenszüge umzuordnen, sein Blatt neu zu mischen und plötzlich tritt es über in einen veränderten Aggregatzustand.

M: Solange das Ich in ungebrochenem Einverständnis mit der Welt lebt, hat es keinen Grund, sich zu definieren?

R: Es denkt gar nicht daran. Es wird ja definiert. Objektiv. Durch die festen Umstände. Durch die sicheren Lebensformen. Durch die statische Ökonomie. Die abgekarteten Lebens- und Verhaltensweisen.

M: Und wenn diese ins Rutschen kommen . . .

R: Ruft es plötzlich *«Ich»* aus der Kunst heraus, und zwar lauthals.

M: Wenn ich dich recht verstehe, hieße das wohl, daß ein literarisch relevantes Ich nicht nur das Produkt von gesellschaftlichen Grundlagenspannungen ist, sondern auch der Ausdruck persönlicher Klassenunsicherheit.

R: Da bist du mir im Moment schon um einen Gedanken voraus – genau dort soll es hingehn. Siehe erstens Walther: ein Vertreter des Rittertums, keiner Klasse gerade im klassischen Verstand von Klasse, aber immerhin eines Standes. Eines Standes ohne klar fixierbare Abgrenzung nach unten oder oben, das kommt allerdings hinzu: einer kann zum Ritter geschlagen werden – ziemlich ruckzuck sogar – aber kaum ist er oben und die vielbesungene Fortüne hält nicht programmgemäß an, da sitzt er schon wieder in der sogenannten ökonomischen Scheiße: ein «armer Ritter». Siehe zweitens Klopstock und das Jahrhundert des experimentierenden Hochkapitalismus. Das Bürgertum hat das Free enterprise und die Segnungen der Privatinitiative entdeckt; nur daß damit sofort ein völlig inkalkulables Risiko mit ins Spiel kommt, und du brauchst dich nur einmal mit Aplomb zu verspekulieren – rumms! haut es dich runter vom hohen Roß und du sitzt noch tiefer unten als du je gesessen hast: gleich neben dem «armen Ritter». Na, und über uns heute reden wir sicher später noch.

M: Womit nun aber noch nichts über Kunst im Speziellen gesagt worden ist. Wir hatten vorhin festgestellt, daß der Künstler zwischen zwei Klassen geraten kann. Wie kommt er dorthin?

R: Kraft Ökonomie. Oder, besser noch, unkraft von Ökonomie. Stell dir vor, daß einer Berufsdichter ist, was Walther war, Klopstock war, ich bin, aber ohne jeweils sichere Auftragspolster oder feste Vertragshäuser. Stell dir weiter vor, daß es sich hier dreimal um literarische Privat- und Einzelunternehmer handelt – in dem allerunschuldigsten Sinn, daß jemand Erzeuger, Erfinder, Urheber, Autor und Selbstvertreiber *in einer Person* ist, ja? –

M: So völlig ungebrochen seh ich die Unschuld nicht.

R: Naja, klar – die Leute unternehmen zwar pausenlos was und lassen sich neue literarische Sensationen einfallen, neue Strophenformen zum Beispiel, neue Metaphern, Sinnbilder, Reime, Liebeslieder, Totenhymnen, Zeitgedichte, Natur-Oden und so fort; und das sieht dann auch fast wie richtige schöne Gründerfreiheit oder edle Dichterwillkür aus; bloß von einem richtigen runden Unternehmerdasein trennt sie denn doch etwas entscheidend Unterscheidendes –

M: Das Eigentum an ernstzunehmenden Produktionsmitteln.

R: Nein – ja – gleich – nein, ein kategorialer Unterschied liegt bereits darin, daß sie höchstpersönlich selbst produzieren und nicht andrer Leute Mehrwert in einen eigenen Profit ummünzen können. Ihr oberstes und erstes Produktionsmittel bleibt dabei – von Fiedel, Dinte und Schreibmaschine mal ganz abgesehen – der eigene Kopf. Dieser Kopf ist ihre Fabrik. Dieser Kopf ist ihr Förderband. Dieser Kopf muß sich pausenlos drehen – und da kannst du noch nicht mal einen zweiten Mann mit an deine Gehirnwindungen setzen und sagen: mach du mal den öden entfremdenden Fummelkram, ich selbst begeb mich dieweil in die höheren Sphären. Das Eigentum an diesem ihrem einzigen wirklichen Produktionsmittel deckt sich in einem fast kuriosen Sinn mit Verfügungsgewalt: *Das Risiko* als Privateigentum: das Innovationsrisiko, das Neuerungsrisiko, das Durchsetzungsrisiko, aber auch das Verschleißrisiko und dann alle diese Probleme einer gewiß nicht unerschöpflichen Erfindungskraft.

M: Mich stört augenblicklich noch ein bißchen diese markt- und gesellschaftsunabhängige Betrachtungsweise. Provozierend gegefragt: wenn einer am Markt vorbeiinnoviert, beziehungsweise keine Einfälle mehr hat, dann wird uns Interesse für ein Privatissimum abverlangt, das mir ein wenig wie ein Luxusleiden vorkommt. Wir sehen so etwas wie Tragik – da können wir von uns aus nur noch drei Kreuze schlagen wie hinter jemandem, der aus der Eiger-Nordwand abstürzt.

R: Über solche Aktionskünste später. Ich mein, ich will mich hier gewiß nicht entwinden; die Kunst, Aufsehen zu erregen, soll uns auch liebend gern noch einen Anlaß für die tiefsten und höchsten Betrachtungen sein. Was ich trotzdem erstmal ganz festhalten möchte, ist, daß wir es mit Produktionsmittelbesitz zu tun kriegen, bei dem der Eigentümer zum Sklavenhalter seiner selbst wird. Zweitens – und hier kommen wir auch sofort auf deinen geliebten Markt – die Distributionssphäre, wie sieht die aus und wie bewegt man sich darin? Ich will es dir sagen: von ihren Verkaufs- und Vertriebsmethoden her sind diese wunderlichen Unternehmer nämlich nicht viel mehr als Wanderarbeiter. Saisonjobber. Unständige Obstpflücker oder hausierende Ambulante. Früher von Hof zu Hof, von Kloster zu Kloster, von Jahrmarkt zu Jahrmarkt; dann – Klopstock – von Finanzier zu Finanzier, von Gönner zu Gönner, von Verleger zu Verleger; na und wir heute – bitteschön – von Funk zu Funk, von Kunstverein zu Kunstverein, von Zeitung zu Zeitung, von Fall zu Fall. Wobei die Auftragsverteilung dann jeweils so aussieht, aussehen kann: a) In Ordnung, da gäbe es vielleicht den einen Hoftag oder die andere Fürstenhochzeit zu besingen. b) Natürlich, lieber Meister, nur daß Sie auch fleißig an Ihrem ‹*Messias*› weiterdichten und nicht andere Allotria treiben. Und c) Okay, gebongt, wir haben da gerade so eine interessante Welle laufen, beziehungsweise uns selbst eine neue ausgedacht: wenn Sie diesen Trend denn mal ein bißchen bedienen würden.

M: Interessant wird aber doch wohl erst der Ausbruch aus dem Auftrag?

R: Richtig. Da beginnt für uns die ernstzunehmende Dichtkunst. Aber vor diese von uns so hoch geschätzten Künste haben die Götter erstmal die totale, die nahezu umfassende Unsicherheit gesetzt. Laß es mich nochmal wiederholen – jetzt auf Grundlage unseres allerneuesten Erkenntnispolsters – diese ständigen berufstypischen Unsicherheitsfaktoren einmal zusammengedacht mit qualitativ und kategorial neuen Gesellschaftsspannungen: erst mit dem Aufeinandertreffen dieser beiden Risikobereiche kommt die genügende kritische Masse zusammen, um das Ich als literarisches Subjekt zum Vorschein zu bringen.

M: Verwunderlich scheint mir dabei, daß das Ich sich dann nicht nur als Subjekt erlebt, sondern sich als Subjekt erhebt. Ich meine, es neigt dazu, sich zu überheben.

R: Wo das Ich sich thematisiert, grundsätzlich und programmatisch, kriegen wir es sofort mit einer Hybridform zu tun. Selbstverständlich kann Poesie generell auch ohne ein Ich auskommen. Es gibt sowohl Strukturgedichte als Dinggedichte als schließlich

Lehrgedichte, die auf die Zurschaustellung eines Subjekts vorsätzlich verzichten. Es gibt unzählige Gedichte in tausend Sprachen, in denen das Ich sich gerade eben noch ausspricht – so nebenhin und unter «ferner liefen». Darum geht es jetzt aber gar nicht. Worum es geht, ist eine Ich-Poesie, in der das Ich sich freiweg in den Superlativ und in die Überheblichkeitsform begibt und in der doch gerade die gesteigerte Selbstwahrnehmung den Sozialisationsfaktor darstellt.

M: Das klingt paradox, läßt sich aber dialektisch auflösen, wenn man den Geschmack an sich selbst wie jede andre Geschmacksalternative als Antwort auf bestimmte gesellschaftliche Konditionierungen auffaßt.

R: Wo das Subjekt zum Rollenträger wird (nicht im Sinne des «lyrischen Ich», das ist allein durch sein Im-Gedicht-Sein definiert und damit abgeschlossen), handelt es sich keineswegs um Konditionierung nur einerseits. Die These auf das So-oder-so-Gewordensein heißt ja in Wirklichkeit nicht nur «Ich», sondern Wirichsalle. Das Ich reflektiert sich nach vorn auf ein Kollektiv zu.

M: Seltsamerweise immer wieder auf ein völkisches Kollektiv, ein vaterländisches, ein sagen wir mal nationales. Das war ja das bemerkenswerte sowohl an jener ersten Romantik des sentimentalen Zeitalters als auch an der «Romantik» genannten Romantik der Schlegel-Tieck-Brentano-Grimm-Wackenroder-Eichendorff-Ära, daß sie sich immer wieder völkisch, selten gesellschaftlich und klassengebunden erklärt hat.

R: Der Tatbestand ist unangenehm, aber erklärlich. In diesem lang anhaltend und immer wieder neu zerteilten Deutschland ist der Jammer über diese *vertikal* aufgespaltene Landmasse geradezu zu einem literarischen Lokalidiom geworden. Kaum daß sich so etwas wie *horizontale* Klassenverwerfungen ankündigen, setzen schon die Vorbeben so etwas wie geistige Irritationen oder Isolationsschauder frei, die eine überpersönliche Erlösung nun nicht auf Klassen-, sondern auf Nationalebene suchen. Sieh dir das sich neigende Hochmittelalter an – die Waltherzeit in unsrer literarisierten Zeitrechnung – das ganze Reich bis an den Rand der Zerrüttung in dynastische und landesfürstliche Interessen aufgespalten, und von Ferne funkt auch noch der Papst in die Landesmisere mit rein: genau *in dem Moment*, wo unserm Minnesänger wirtschaftlich die Puste wegbleibt und er sich eigentlich (unsere eigenen Wünsche mal als eigentliche genommen) lieber nach unten hätte orientieren sollen, beginnt das gleichzeitig stellungs- und herrenlos gewordene Ich sich für die Sache des Regnums starkzumachen. Nicht für seine wirklichen

Innungsbrüder, die Vaganten! Auch nicht für die auf dem untersten Arbeitsmarkt herumgeisternden «Operarii», die farmhands und Gelegenheitsarbeiter. --- Bis zur Unkenntlichkeit zerstückelt das arme deutsche Land dann auch noch während des beginnenden Maschinenzeitalters und am Vorabend der Französischen Revolution (von uns aus Klopstockzeit genannt). Gleichzeitig ist die horizontale Klassensegmentierung bereits in einem Maße fortgeschritten, daß ein in unserm Sinne fortschrittlicher Dichter bereits gut und gern die Partei der Untersten hätte ergreifen können, und was tut der Dichter Klopstock? Was tut er, als das wirtschaftliche Familienfundament zerbröckelt und die eignen Perspektiven sich ihm zunehmend verdunkeln? Er singt sich einen deutschen Gefühlsmessias zurecht, gewiß, aber gleichzeitig eine nationale Führergestalt namens Hermann, welche Personen von höherer Warte aus manchmal beinah austauschbar erscheinen.

M: Was für deine beiden Protagonisten zusammen dann heißen dürfte: Ich und das Reich, bzw.: Ich und meine Nation.

R: Hier liegen ganz zweifellos Identifikationen vor. Man könnte auch von Selbstüberhöhungen sprechen: die Dichter schieben sich etwas höheres Allgemeines unter den Hintern und erscheinen gleich selbst um ein gewaltiges Stück gewachsen.

M: Schön und gut. Das mögen triftige Erklärungen sein. Psychologisch interessante Analysen. Vielleicht sogar Komplex-Diagnosen. Fragt sich bloß, was es da für uns noch zum Identifizieren gibt. Da scheinen doch geradeswegs zwei Wiedervereinigungskreuzritter auf uns zu zu kommen.

R: Sie sind alle beide – und manchmal beide in einem Atemzug – schon gehörig von der Reaktion vereinnahmt worden. Mindestens zwei chauvinistische Schübe haben sie als Galionsfiguren benutzt und mißbraucht. Sie sind in vollem Sinne aber gar nicht so leicht zu mißbrauchen, diese beiden militanten Zivilisten. Sie sind für die Reaktion wirklich nur auszugsweise brauchbar, nicht in ihren jeweiligen Dominantakkorden. Nicht in ihren vollen klaren Spektren.

M: Die Dominantakkorde werden sich zu jeder Zeit anders ausnehmen.

R: Eine Frage der parteiischen Vereinnahmung. Eine Frage der Annektionsstrategie. Eine Frage auch der Neuauswahl und Übersetzung.

M: Ein beinahe machiavellistisches Manipulationsbekenntnis.

R: Aber bitte! Aber immer! Wo nun wirklich jahrhundertelang aufs obsoleteste herummanipuliert worden ist, sollten *wir? – mit guten Gründen?! – besseren Argumenten?! – redlichen* redlich und offen auf den Tisch gelegten Kriterien etwa nicht?!

M: Es ist wesentlich wohl nur dieser – gelinde gesagt – etwas altfränkisch anmutende Patriotismus, der hier stört.

R: Aber grad den gilt es zu enteignen und der politischen Reaktion zu entwinden. Diese scheinbar schwache Seite hat nämlich bei richtiger Beleuchtung durchaus fortschrittliche Züge. Walthers Kampf gegen die multinationale Finanzpolitik des Papstes, das ist doch ein Thema von – wie soll ich sagen? – geradezu aktuellster Leuchtkraft. Dito Klopstocks zähes Sichzurwehrsetzen gegen «Französelei» und «Ausländerei» – ist das etwa kein treffendes Beispiel für die Abwehrung importierter Kulturideologien? Weißt du, es mag ja sein, daß das im Augenblick kein Thema ist. Und der allgemein globetrotterisch-internationalistische Zug der beiden deutschen Intelligenzen scheint solche Gedanken wie die hier von mir vorgetragnen fast zur Marotte runterzuqualifizieren. Zu einem altfränkischen Spleen. Einer fixen Idee. Aber die ökonomischen Tatsachen hinter diesen Ideen sind doch ganz gewiß nicht von Pappe. Jahrzehntelang kulturideologische Importen von Übersee und aus dem romanischen Restaurationspotential – angefangen bei der ersten Carepaketliteratur, über Hugo Friedrichs sedimentäre Strukturtheorien, über den ganzen falschen Pop der Sechziger Jahre, über den neuen Strukturalismusschub Anfang der Siebziger, bis zum reaktionären Gerechne der amerikanischen Rechtslinguistik, alles wahnsinnig interessant natürlich, alles international diplomiert und von weltbewanderten Vermittlungsreisenden in die bundesdeutsche Arena lanziert – *bloß*, während wir hier vor lauter Staunen den Mund nicht zu und die Augen nicht richtig aufkriegen, marschieren in aller Ruhe die Multis ein. Und ich sage dir – kuck nach drüben – und du siehst das ganze Verblendungstheater noch einmal andersherum. Vorn die strahlende Bücherwand von Puschkin bis Majakowskij, und dahinter die große Expatriierungsbewegung: Das Uran in die SU, den Kunstdünger nach Kuba und die optische Feinmechanik in die arabische Wüste. Komm, laß es, frag lieber weiter.

M: Das fällt mir jetzt schwer. Ich kenne zwar deine gewissen Ressentiments; aber die teilst du doch mit grauenvollen Kameraden.

R: Reden wir bitte mal nicht von der *Soldatenzeitung*, ja?! Was die Nation angeht, sollen die, die sie auf dem Gewissen haben, mal gute hundert Jahre lang die Schnauze halten. Andrerseits, wenn die Linke nicht fähig ist, so etwas wie eine nationale Identität zu entwickeln, fallen die patriotischen Interessen natürlich unter die Räuber.

M: Wohin würdest du dich selbst politisch stellen mögen?

R: Das steht schon in einem Gedicht: «so links wie nötig und so hoch wie möglich.»

M: Ein bißchen stark sibyllinisch.

R: Im Gegenteil, das ist ein richtiges ausgewachsenes Koordinatensystem. Hier ne Ordinate – dort ne Abszisse – so! und nun können wir uns auch schon gemeinsam ans Kurvenzeichnen machen.

M: ?????

R: Ich merk schon, du siehst nur ein krummgeschissenes Fragezeichen. Meinetwegen kannst du mich gern einen nationalbolschewistischen Bildungsbürger nennen.

M: Irgendwo hab ich mal bei dir die Formulierung «Individualität als Komplex» gelesen.

R: Ich kann da nur mit dem Kopf nicken.

M: Also sagen wir mal, da haben wir nun auf der einen Seite eine so oder so oder so zerteilte und gespaltene Nation, auf der anderen bestimmte in ihrem sozialen Selbstverständnis verunsicherte Individuen: wie hat sich denn eigentlich das romantische Ganzheitsbegehren in der literarischen Produktion des Schreibers Rühmkorf ausgenommen?

R: Keineswegs als Privatkomplex. Immerhin haben wir – verzeih den historischen Abstecher, Rückstecher – haben wir die ganzen Fünfziger Jahre durch mal deutsche Wiedervereinigungspolitik betrieben. In dem alten *konkret* unter sozialistischem Vorzeichen und auch nicht nur mit Wind ins Gesicht. Deutschlandpolitik, Neutralitätspolitik und Friedenspolitik, das wurde ja mal zurecht als eine symbiotische Verbindung angesehen. Als die Einheitschancen schließlich vertan waren und die Abgrenzungsbemühungen – mal eine Westerfindung, dann in DDR-Lizenz weiterbetrieben – tatsächlich zu einer niet- und nagelfesten Grenze durchs Land führten, haben wir mit gleicher Unermüdlichkeit dafür gewirkt-geschrieben, daß aus der Grenze auf keinen Fall eine Front werden dürfe. Bis schließlich und endlich die Verträge kamen. «Sem mir got», wie Walther sagen würde, ich bin zwar nicht größenwahnsinnig, aber rechthaberisch, zumal wenn die fixen Fakten auf meiner Seite sind. Was nun allerdings nicht heißen kann, daß die doppelte D-Land-Politik damit als abgeschlossen gelten könnte.

M: Der politische Journalist fühlt sich durch die Geschichte bestätigt. Gut. Trotzdem befriedigt mich die ausführliche Antwort nicht so ganz. Was mich eigentlich mehr interessieren würde, wäre vielleicht: Gibt es so etwas wie eine patriotische Kulturideologie? Oder noch zugespitzter: Gibt es nationale poetische Schreibweisen?

R: Zum Beispiel die österreichische. Sicher.

M: Die österreichische Literatur besitzt ein nationales Idiom?

R: Und ganz speziell sogar die Poesie, natürlich. Du mußt bedenken, die Leute machen doch alle ihr Brot in der weiten Welt und kennen das eigene Land fast nur noch vom Hörensagen. Das wirkt sich *sofort* schreiberisch und stilistisch aus. Das früher so gern betonte Mundartliche (damals eine sinnbildliche Distanznahme vom Hoch- und Reichsdeutschen) befindet sich auf dem Rückzug; das Provinzialidiom weicht einem gesamtdeutsch verständlichen Jargon der Unwirklichkeit. Auch ein so exzeptioneller Sprachspieler wie Jandl ist eine Ausnahme nur vom individuellen Vermögen, nicht vom Grundduktus her.

M: Das macht mich allerdings ein bißchen auf die DDR gespannt. Besitzt auch DDR-Poesie eine eigene Landessprache?

R: Ganz selbstverständlich. Weltniveau im Kassiberformat. Sehr viele hervorragende Mechanici, eine Fülle von I-A-Genremalern und Kleinmeistern, erstklassige Techniker, aber im Atem etwas beengt. Aus Mangel an Auslauf dann natürlich auch viel Rückgriff auf die nationalen demokratischen Traditionen. Keine schlechte Entwicklung im ganzen. NKE ist ja wirklich nicht bloß diese hohl erscheinende Phrase von oben her.

M: Und nun wir. Und nun du. Das sogenannte NKE, das nationale Kulturerbe scheint doch zumindest bei dir eine Riesenrolle zu spielen.

R: Aus völlig anderen Gründen. Dichten ist – egal was es sonst noch alles sein kann – zunächst einmal sinnbildliches Handeln. Wer in Kunst eintaucht, in poetischer Sprache sich bewegt, handelt sinnbildlich, allegorisch, symbolisch. Es kann dabei durchaus vorkommen, daß das Sinnbild sich gewissermaßen naiv herstellt und die programmatische Absichtserklärung nachgeliefert wird.

M: Irgendjemand – ich weiß nicht mehr wer – hat deine Parodien auf alte Literaturstücke einmal einen restaurativen Halteversuch genannt.

R: Das Haltenwollen stand von Anfang im Programm. Es war auch erklärt gegen diese unsere Wegwerfgesellschaft gerichtet – mit ihrer Verbrauchermoral, die ja in Wahrheit eine Aufbrauch- und Vernichtungsmoral beinhaltet. Weil aber wer eine neue, eine dissidentische Moral in Literatur vorträgt, in Zungen redet und durch Masken sprechen muß, habe ich damals diese Riesenlarven vor mir hergetragen: Klopstock, Hölderlin, Claudius, Eichendorff –

M: Ohne dich partout in die Enge diskutieren zu wollen: dann wieder gab es Stimmen, die meinten, der Rühmkorf nimmt uns unsere lieben Kulturdenkmäler fort und höhlt sie aus von innen her.

R: Die Einsprucherheber zur Rechten und zur Linken lagen beide falsch. Beide so flach wie unbeweglich auf ihrer einen Seite. Ich habe unter Parodie aber immer eine dialektische Unternehmung begriffen – einen Versuch gleichzeitig der *Übernahme* und der *Abstandnahme*, kritisch gebrochene Tradition im ganzen, ein parteiisch sondierendes Recycling. Vielleicht wird von hier aus auch verständlich, daß ich praktisch nur solche Größen übersetzen, übertragen, über den Acheron zurückholen konnte, die mir würdig schienen: übermittlungswürdig und traditionsberechtigt. Ja und noch eins gehört genau an diese Stelle. Daß meine Wiederbelebungsversuche natürlich nicht der antiquarischen Zelebrität galten, sondern sehr bestimmten Neigungswinkeln und Gefühlsinhalten – schließlich aber den Methoden der gemütlichen Agitation selbst. Wie man sich erinnert war in der seinerzeit mal zeitgenössisch genannten Literatur die Äußerung von Zorn und Anteilnahme nachgerade verboten, das heißt durch die rigidesten Geschmacksverdikte untersagt. Die Macher hielten ihr Material kalt, die Strukturpoeten legten den Überbau des Restauratoriums mit Intarsien aus, und *Empfindsamkeit*, die zweifellos auch Empfindlichkeit für die politischen Mißstände mit einbezogen hätte, war verpönt wie der Ausdruck subjektiver Leidenschaften. Dagegen also damals: ich und mein Klopstock.

M: Die Leitlinien der sogenannt modernen Lyrik wurden für eine ganze Weile von dem Romanisten Hugo Friedrich festgelegt, um nicht zu sagen festgeschrieben. Sein für Epoche machend gehaltenes Werk trug den Titel *‹Strukturen der Lyrik›*.

R: Bloß daß dies Werk eben ganz und gar nicht Epoche machte, sondern Epoche besiegelte: die Restaurationsepoche. Obwohl es kein dummes Buch war, trug es doch ganz erheblich zur Vernagelung unserer dichtenden Intelligenzen bei. Wo man sich nämlich darauf einigt, daß in einem literarischen Kunstwerk nur noch die Strukturen sprechen, und humane Erregbarkeiten so gering gelten wie die aktuellen Erregungsgegenstände, da fallen mit den Emotionen natürlich auch gleich emotionale Parteinahmen mit unter den Tisch.

M: Die Strukturen waren das einzig objektiv Feststellbare.

R: In jederlei Sinn des Wortes feststellbar. Die Zeit sollte festgestellt werden, auf den Fleck fixiert, an die Kette gelegt.

M: Wogegen sich damals sowohl deine subjektivistische Lyrik wandte als dann ja auch dein *‹Lyrik-Schlachthof›*.

R: Ja. Und gegen diese nicht nur undemokratische, sondern geradezu hanebüchen autoritäre Vermengung von Legislative und Exekutive. Der reaktionäre Schulmeister klopfte den Takt, und die deutschen Nachkriegspoeten verhielten sich in jeder Hinsicht regelrecht und mustergültig.

M: Der ‹*Lyrik-Schlachthof*› hat unter anderem den guten alten Ruf des guten alten *Studentenkurier*, später *konkret* begründen helfen.

R: Vorsicht! Der Ruf war zu Lebzeiten nie so gut. Immerhin – und darauf leg ich wert – das ganze seltsame Spektrum fand schon seinen Anklang. Dazu gehört das hier zum erstenmal manifest gemachte Unbehagen an einem Strukturformalismus, das latent bereits auf der Lauer lag. Dazu gehörte aber auch unser widerständlerischer Subjektivismus: die offensive Herauskehrung eines Ich als politischer Stimmungsträger und gesellschaftlicher Zeitanzeiger.

M: Was heißt unser? Wer war in der Lyrik denn *wir*?

R: In der Poesie wohl nur Enzensberger und ich. «Ich und mein land wir sind geschiedene leute» (Enzensberger), beziehungsweise «Deutschland – Deutschland: hier wird mir kein Bruder geworfen» (Rühmkorf), das waren damals so persönliche Unmutsblitze, die wir in seltsamer Parallelität und Unabhängigkeit an den vaterländischen Himmel warfen.

M: Von einem Einvernehmen mit der Nation im altpatriotischen Sinn ist dabei freilich nicht viel zu merken.

R: Aber das Land ließ uns doch nicht los – es ging uns pausenlos im Kopf rum.

M: Bis Enzensberger seinen Wohnsitz nach Norwegen auslagerte.

R: Nein, diese ganz krassen Vaterlandsfarben hat er doch wohl nie auf dem Panier gehabt. Er hatte auch schon früh etwas von mir als reichlich polyglott Empfundenes. Und weil Denkweise und Schreibweise beim nicht verhaltensgestörten Schriftsteller aufs innigste zusammenhängen, drückte sich dieser Hang ins Internationale sehr deutlich in seinen Gedichten aus. Ich halte sie für vergleichsweise einfach transportabel. Man kann sie unschwierig von Land zu Land transportieren, das heißt übersetzen.

M: Was nicht schon ein Nachteil sein muß. Hältst du dich für schwer übersetzbar?

R: Ich halte mich für nahezu unübersetzlich. Ich bin ziemlich beschränkt auf dieses eine Land zugeschnitten.

M: Die DDR inklusive?

R: Eine etwas unglückliche Liebe. Sie will und will mich nicht anerkennen. Nur auszugsweise. Oder ad usum delphini gereinigt und zur Unkenntlichkeit zurechtgeschnitten. Sie hat sich noch nicht mal freundlichst herbeigelassen, mein gleichzeitig deutsch und demokratisch argumentierendes *‹Volksvermögen›* in den geistigen Besitz Volksdeutschlands einzugemeinden. In Summa: ich kann von der Kulturpolitik der DDR nicht leben und diese vermutlich ganz gut und ruhig ohne mich.

M: Nach deiner parodistischen Erblassertätigkeit hast du zwischen 1964 und 66 begonnen, dem deutschen Volks- und Kindermund ganz neu die Zunge zu lösen. Ich sehe die beiden Vorgänge übrigens gar nicht so unabhängig voneinander, wie es manche Kritiker getan haben. Die Romantik entdeckte auch gleichzeitig das deutsche Mittelalter und das deutsche Volkslied. Würde man ideologiekritisch urteilen wollen, so könnte man sagen: der Weg aus der Zeit führte gleichzeitig nach hinten und nach unten: in die historische *und* in die völkische Utopie.

R: Ich bin kraß ein roter Romantiker. Und ich hab auch dem Volk entschieden von der linken Ecke her aufs Maul geschaut. Dabei hab ich dann zwei für mich allerdings nicht nur interessante, sondern wahrhaftig identifikationswürdige Entdeckungen gemacht: 1. daß das Volk und schon von Kindesbeinen an tagtäglich mit Lyrik, Poesie, Gedichten umgeht. Und 2. daß der Volksmund eine ganz wüste Lästerzunge besitzt; das heißt, daß er – und seien die Ansätze noch so anarchistisch-unerbaulich – eine kritische Instanz darstellt. Kein Beglaubigungsorgan also, wie noch die alte Romantik dachte, und von demutsvoller Unschuld nicht die Spur.

M: Besitzt der Volks-, besitzt der Kindermund eigentlich ein «Ich»?

R: Bis auf Ausnahmen, die uns im Augenblick zu weit abführen würden, weil sie aufs Komplizierteste die Regel bestätigen: nein.

M: Kann es sein, daß sich das Subjekt des Sammlers und Liebhabers nur deswegen in diese kollektive Materie vertieft hat, weil es ihm an wirklich demokratischer Gesellschaft fehlte. War der sagen wir einmal Nonkonformist Peter Rühmkorf auf besondere Weise erfreut, als er das eigene Dissidententum nun gewissermaßen plebiszitär bestätigt sah?

R: Zweifellos. Andrerseits, das ist ja nun inzwischen wirklich wissenschaftsnotorisch: wo der Volksmund sich im Medium von Versen ausdrückt, ist er gotteslästerlich, herrschaftslästerlich, systemkritisch, denkmalsschänderisch, dissidentisch, autoritätsfeindlich.

M: Das Buch *‹Über das Volksvermögen›* erblickte im Jahre 1966 das Licht der Welt – egal jetzt einmal, wie viele Jahre an Sammeltätigkeit ihm vorangingen. Es paßte also recht gut zu bestimmten Wesenszügen der antiautoritären Bewegung.

R: Weißt du, ich bin gewiß keiner von den großen Propheten. Aber einer von den kleineren Zeitvoraussagern schon. Für eine Nase lang, das heißt so für 4–5–6 Jahre kann ich schon antizipieren.

M: Und als sich die ApO dann wirklich bildete und die Proteste sich von Papier lösten und die Öffentlichkeit bewegten, da warst du zunächst mit dabei.

R: Ein paar Male sogar als Vorpfeifer, und zwar ganz unmetaphorisch. Ich skandierte unsere Kader-Sprüche mit der Trillerpfeife. Hab dann auch immer wieder auf Podien gestanden und Reden gehalten. Ziemlich chiliastische.

M: Von dem Chiliasmus, von dem Menschheitsbeglückerpathos ist soviel nicht geblieben.

R: Ich habe nie abgeschworen.

M: Du hast dich mokiert, und zwar ganz und gar nicht zimperlich. Über die «Popsozis», die «Oberbekleidungsrevolutionäre», über die «linken Heilsmystiker», die «Boutiquen-Robespierres» – das hast du sogar alles zu Papier gegeben. Es klang beinah schon wie der alte Klopstock von 1792, als er der Französischen Revolution abschwor.

R: Weißt du damals – was alles jetzt schon damals ist! – also 67 etwa, da trauten wir der sogenannten Bewegung schlechthin alles Gute zu, zu viel Gutes vermutlich. Wir hatten gehofft, daß sich unsere Schreibtische perspektivisch auf die Straße, das heißt direkt auf die Gesellschaft zu verlängern würden. Ich selbst wußte nur eines nicht, hatte *eines* nicht rechtzeitig erkannt, daß nämlich auch die Straße noch lange nicht Basis war, nicht wirklich gesellschaftliches Fundament und Unterbau, sondern – und hier treffen sich für einen Moment die Sphären – nur eine schöne Metapher genau wie der Volks- und der Kindermund. Nein, nicht so schön und haltbar wie der Volks- und der Kindermund, denn dann passierte es plötzlich, daß –

M: Daß sich der Gegner als zu stark erwies. Daß die Übermacht der wirklichen Herrschaft virtuell unangreifbar schien.

R: Nein! daß die Kraft der Solidarität nicht hin- und nicht herreichte.

M: Auch Geduld und Beharrlichkeit nicht.

R: Laß mich bitte noch einmal rückblickend ausholen, um die fatale Dialektik von Ausbruchsmotorik und liberalem Krisenmanagement einmal ins richtige Licht zu bringen. Schon lange bevor die Straße mobil machte, waren ihre Protestgegenstände und Widerstandsinhalte in der Literatur vor- und aufbereitet worden. Ich sage das hier nicht, um formaljuristisch bestimmte Prioritätsfragen zu klären oder Urheberrechte zu sichern, sondern nur um die mächtigen Hoffnungen von uns schreibenden Stubenhockern deutlich zu machen. Nungut – mit dem Schah-Besuch ging es dann los, und die fast unglaubliche Verheißung jener zu Recht außerparlamentarisch agierenden Opposition lag dann für uns nicht so sehr in ihrem Themenkatalog, beziehungsweise ihrem Protestboukett, sondern in der ungemeinen emotionalen Aufladung all der Thesen und der Themen, in diesem leibhaftigen Schwung, der den Widerspruch erst lebendig machte und die von oben her gespannten Geduldsfäden einfach zerriß. Eine große Anzahl von uns Schreibkräften stieß ja auch weißgott nicht als bloße Fellowtravellers zu der «Bewegung», sondern als gelernte und gestandene Protestanten – aber gerade als solche sahen wir nach der gewaltigen Anfangsbegeisterung ziemlich früh, daß irgendetwas faul war an der «Bewegung». Das war so eine gewisse liberalistische Free-enterprise-Mentalität. Ein aktionistisches Privatunternehmertum, das gar nicht mehr in Solidaritätsschemata dachte, sondern in Selbstdarstellungskategorien. Und die liberale Presse stand natürlich mit ihren wild bewegten Zeitungsfittichen dahinter und machte mal Wind für diesen und mal Front gegen jenen, hob Stars aus der Taufe und berief sie wieder ab, kürte die Sensationsdarsteller der Saison und die Buhmänner des Monats, es war schon ein gewaltiger Zirkus und ein heute kaum mehr faßbares Kommen und Gehen. Bloß daß dabei der politische Kampfplatz mehr und mehr zur Szene pervertierte (der von mir höchst gehaßte Begriff von der Welt) und schließlich nur noch Szenenmacher auf der Bühne blieben. Als der Konkurrenzkampf unter Schaustellern 1969 völlig offenbar geworden war, verließ ich ziemlich angewidert die Arena.

M: Und betratest eine andere Bühne – die Theaterbühne.

R: Sie schien mir für eine Weile ein redlicherer Austragungsort für meine politischen Ideen. Das Theater verstand sich wenigstens von vornherein als Sinnbild oder schöne oder böse Allegorie. Es war die Welt der Exempel und der Parabeln gewesen, der Modellentwürfe und der symbolischen Demonstrationen bis –

M: – bis du merktest, daß auch das Theater das wahrhaftige Leben sein wollte. Die direkte und unvermittelte Aktion.

R: Ich kam vom Regen mitten in die schlimmste Traufe. Alle Zeichen standen auf leibhaftige Anteilnahme. Was Trumpf war, war die direkte Partizipation. Da kam ich mit meinen Parabelstücken über wirtschaftlichen Konkurrenzkampf wie ein Person gewordener Anachronismus angewackelt. Ein schlimmes Lehrstück für mich. Ich hatte viel Geld für meine Vorstellungen von modernem Wirkungstheater verwirtschaftet. Ich war äußerlich und innerlich Pleite, mein Bewußtsein ging auf Grundeis.

M: Nach deinen Produktionstheorien allerdings auch wieder eine Grundlage für das Entstehen von Gedichten. Vielleicht auch für die Beschäftigung mit literarischen Leitfiguren und Modellexistenzen.

R: Moment, nicht so schnell. Ich will hier zwar nicht meine zweite Biografie zum Besten geben, aber wo es hier nun mal um das *Ich* geht, muß ich immerhin anmerken dürfen, daß erstmal meine soziale Identität im Eimer war. Schließlich hatte ich keine ernstzunehmende ökonomische Basis mehr, auch keine deutsch-exterritoriale wie beispielsweise Biermann, der drüben seine Sorgen hatte, aber hier bei uns sein Konto.

M: Du bist dann Zeitungsunternehmer geworden und hast, nach dem Zusammenbruch des alten *konkret* das neue *dasda* mitbegründet. Bist sogar Gesellschafter, Titelhalter, Mitherausgeber.

R: Oi, das war ein Zuschußunternehmen. Das hat die Sorgen erst fett gemacht.

M: Dann schreibst du für bürgerliche Zeitungen und Zeitschriften – gelegentlich solche, die man reaktionär nennen kann.

R: Weißt du, jetzt wird es für mich wieder interessant. Ganz hochinteressant sogar. Wenn du an dieser Stelle kratzt, dann muß ich nämlich einfach mal zurückfragen, wo sich denn ein ganz normaler Arbeiter heute seine Fabrik aussuchen kann. Kann der etwa sagen: ich arbeite nicht mehr für Krupp, für Reynolds, für Dow, für Krauss-Maffei, Siemens, IG Farben? Mein lieber Schollie, das wäre doch wirklich zu schön, um noch wahr zu sein: der Schriftsteller als der einzige Typ, der sich den Luxus nicht entfremdeter Arbeit leisten kann. Nein, Unfug, gerade wenn der Mann mehr repräsentiert als einen für nichts mehr repräsentativen Ausnahmestatus, steckt er mit all seinen schönen Talenten mitten im trüben Verwertungsbetrieb. *Aber Vorsicht jetzt:* mal nur so studienhalber in die untersten Knochenmühlen sich hineinbegeben, mag interessant und aufschlußreich sein, und vielleicht findet jemand dort auch ein eigenes großes Motiv – den wirklichen Anschluß an die statistische Mehrheit bekommt er doch aber erst dann, wenn deren Berufssorgen, Arbeitsplatzrisiken und Bewußtseinsanfechtungen auch die seinen sind.

M: Eine «Literatur der Arbeitswelt» interessiert dich dennoch nicht?

R: Aus der Arbeitswelt kann gar nicht oft genug und gar nicht intensiv genug berichtet werden. Ich wehre mich nur dagegen, und zwar ganz entschieden, daß Schriftstellerei ihre moralische Legitimation allein aus der Fabrik beziehen soll. Fabrik ist heute überall. Systemspezifische Ausbeutungs- oder Enteignungsbedingungen kann man auch in der eigenen Berufssphäre kennenlernen. Ich will damit absolut keine Alternativen aufreißen, nur ein gewisses kleines Bedenken anmelden, daß manche literarischen Sozialanwälte, die andrer Leute Interessen vertreten, vielleicht die Moral zu ihrem Interesse gemacht haben. Das heißt, sie haben sie nötig.

M: Entspringt das Interesse des Schriftstellers an den Ungerechtigkeiten der Welt nicht immer einem moralischen Impetus?

R: Das hat mich vor einiger Zeit auch mal Echternach im Fernsehen gefragt. Und als ich ihm erklärte, zu erklären versuchte, daß die Mehrzahl von uns literarischen Kleinbürgern, Proleten und Underdogs sehr wohl von der Basis eines eigenen Interesses her argumentiert, da spitzte sich sein Phrasenschnäuzchen zu einem unüberhörbar symbolischen «Pfui»: ob ich etwa behaupten wolle, daß das hohe moralische Engagement eines Heinrich Böll . . . na-und-so-weiter-und-so-fort . . . . . . Sieh mal, nun schätz ich den Böll in seinem unerschütterlichen Sankt-Martins-Ethos zwar ganz ungemein, aber ich sehe doch auch, daß dieser moralistische Neigungswinkel von Selbsthochoben nach Dortganzunten zuerst einmal einem privaten Entsühnungsimpetus entspringt. Sollte ich dem bigotten Fragesteller da etwa auseinanderklamüstern, was persönliche Grundinteressen und was abgeleitete und sublimierte Interessen sind, und wie leicht sich diese abgeleiteten Interessen dann gelegentlich in der Auswahl ihrer Fürsorgeobjekte verschätzen können?

M: Das moralische Engagement eines Erfolgsschriftstellers erscheint dir – zumindest – schwer erklärlich?

R: Es ist *mir* sehr wohl erklärlich, ich kann es aber einem solchen Klischeekopf nur sehr schwer erklären. Ich möchte bei diesen Spezialproblemen aber lieber gar nicht länger verweilen. Was mich weit mehr interessiert, sind die wirklich breiten Identitäten, die den Schriftstellerberuf mit der durchschnittlichen Risikosphäre des Dutzendbürgers verbinden: mit den Hire-and-fire-Konditionen, auf die sich ein normaler Arbeitskraftverkäufer einläßt *und* – schrick bitte nicht zusammen – mit der gesamten Erschütterungszone der kleinen Selbständigen. Der literarische Wanderarbeiter von heute lebt genau zwischen diesen beiden Gefährdungsbereichen. Wohin soll er sich stellen und wem sich zugesellen, wo er von seinen fachtypischen Produktions- und Vertriebsbedingungen teils in die eine, teils aber auch in die andere Kategorie gehört.

M: Die von uns eingangs besprochenen und an den beiden literarischen Modellfiguren exemplifizierten Klassenunsicherheiten.

R: Haargenau. Bloß – jetzt wirst du natürlich gleich nachhaken und mich auf die große Zukunft gewerkschaftlicher Solidarität verweisen wollen. Ist ja auch alles schön, alles gut – *bloß*, bitte, zwei markante Ausnahmefälle, die bei uns an der Tagesordnung sind, einmal herausgegriffen: 1. Wenn Delius/Rotbuch sich mit Siemens anlegt, da hilft ihm keine Druck-und-Papier aus der Patsche, und 2. wenn einer auf eine Elegie zwei Monate Zeit verwendet, wie und wo soll er das denn noch tariflich abrechnen? Da wackelt Mahlein doch bloß noch mit dem Kopf.

M: Womit wir gleichzeitig auf deine neuen Gedichte zusteuern. Sieht man genauer hin, dann ist nicht nur vom menschlichen Leiden allgemein, sondern auch ausgiebig von der Kunst im Speziellen die Rede. Gelegentlich von Zirkusnummern. Manchmal von Hochseilakten. Damit bewegst du dich nun aber doch auf einer reichlich esoterischen Ausnahmeebene.

R: Der Akrobatikakt als Überlebensnummer. Das Hochseil als ein Sinnbild für die immer gefährdete, die ständig schwankende Basis. Die Kunst ist ein Gleichnis.

M: So verstanden spricht sie zwar viel *von sich* und *über sich* – aber nicht allein *für sich*? –

R: Darf ich diesen Bogen mal in aller Eile richtig rund machen? Also: wenn diese scheinbar so esoterischen Poeme *eines* ganz gewiß von sich aus herstellen und dokumentieren, dann ist es Gleichheit, Brüderlichkeit und Solidarität – selbst dort, wo sie Brüderlichkeit anzweifeln. Von KUNST – ganz riesengroß geschrieben, jawoll! – ist immer nur insofern die Rede, als Kunst, als Poesie stellvertretend für einen riesengroßen Risikobereich dasteht, ein Symbol für eine ganz allgemeine Depressions- und Gefährdungszone. Ich habe das in dem Aufsatz ‹*Kein Apolloprogramm*› vermutlich auch schon hinlänglich ausgemalt. Wo die Poesie heute von sich selbst spricht, da spricht sie ganz zwangsläufig als document humaine, das heißt aber übersetzt als document social: eine fast schon aus der Welt herausrationalisierte Gattung besingt mit den eigenen Wettbewerbsschäden das Konkurrenzkampfopfer schlechthin. Auch ihr Entfremdungsjammer ist gewiß nicht allein ihr Privat-Eigentum. Auch ihre Friedhofsgedanken können wir als stellvertretend nehmen. Von einem gewissen sozialistischen Idealismus aus stinkt das natürlich alles schon bedrohlich nach Nihilismus und Verwesung. Nagut, stinken wir dann also noch einmal richtig zum

Himmel: Seite an Seite mit Klopstocks «frühen Gräbern» und Walthers ‹*Elegie*›.

M: Ein etwas heikler Punkt – nur weil du ihn selbst noch einmal ansteuerst. Deine Übersetzung von Walthers sogenannter «Alterselegie» endet nach der ersten Strophe. Du hast den Trauergesang also um zwei Strophen verkürzt, was ja nicht weiter schlimm wäre, wenn du ihr damit nicht zugleich ihr Schlußwort genommen hättest, das hat aber einen ausgesprochenen Zug ins Positive. Schlägt Übersetzung in solch einem Fall in Verfälschung um? Zumindest in Manipulation?

R: Jeder kann sich im Anhang davon überzeugen, daß die Glaubwürdigkeit des Gedichtes sich mit der ersten Strophe erschöpft. Mit der zweiten beginnen bereits die schwächeren Variationen, mit der dritten der unpersönliche Tribut an den Zeitgeist. Wenn ich das Gedicht in den Zeugenstand bitte, dann nur insoweit, als es mir selbst als vertrauenswert erscheint. Diese vagen Spekulationen auf Kreuzzugsglück und Genesungsheil in der dritten Strophe mögen zeittypisch interessant sein – schon formal wirken sie reichlich entpersönlicht; sie bewegen sich derart gewunden im Bereich der Möglichkeitsform, daß man eigentlich nur eines heraushören kann: das ohnmächtige Bemühen die Depressionen öffentlich wegzurationalisieren. Da ich Übersetzung nun aber mal als Aneignungsakt verstehe, sehe ich überhaupt nicht ein, warum ich solches entprivatisierte Klauselwerk auch noch mit übernehmen soll. Der Pferdefuß ist also weniger bei der Übersetzung zu suchen als beim Vorbild; dem habe ich ihn wegamputiert. Ich habe das Gedicht vielleicht entstellt, aber damit auch entfälscht.

M: Ich möchte trotzdem darauf beharren, daß du das Gedicht seiner Hoffnungen beraubt hast –

R: Seiner himmelstrebenden Illusionen –

M: Seiner Heilserwartungen oder dem, was man gemeinhin «das Positive» nennt. Wenn wir nun von der Kunst als Gleichnis sprechen – und das tust du selbst dezidiert – bestätigst du den wie auch immer zuschanden Gekommenen doch eigentlich nur in seinen Depressionen. Das «Prinzip Hoffnung» käme also in jedem Fall zu kurz, und ich sag das auch nur, weil sich deine politischen Aufsätze immer wieder aufs Hoffnungsprinzip beziehen.

R: Prosa, gar Leitartikelprosa hat ihre eigenen Hoffnungen, ja. Das macht, ein Zeitungsartikel hat ja gar kein Sein im eigentlichen Sinn – er weist in dem, was er will, immer über sich hinaus und sieht sich – im günstigsten Fall – später einmal durch Tatsachen habilitiert. Und nun das Gedicht, nun paß auf: es hat im wahrsten Sinn des Wortes oder auch seiner Wörter ein richtiges leibliches Sein. Seine Anteilnahme an der wirklichen Welt beschränkt sich nicht auf Meinungskundgaben und parteiliche oder parteiische Erörterungen – es drängt mit allen seinen Fasern und Drucksystemen auf Beteiligung, magische Partizipation. Natürlich ist das ein Wort, das uns *sofort* Unbehagen einflößt. Überhaupt sind seine gesamten Lebensumstände ja völlig suspekt, dem aufgeklärten Kopf fast nicht mehr plausibel zu machen, und mit unserer Gedankenprosa hier beinah nicht mehr zu beschreiben. Was soll Doktor Jekyll auch viel über Mister Hyde berichten? Ja, dies kann er gerade noch mit halbwegs gutem Gewissen tun: Um unser rationales Verständnis für eine Beschwörungskunst bitten, die selbst dort noch beschwört, wo sie abschwört, zaubert, wo sie entzaubert.

M: Um Verständnis für eine Form des Irrationalismus?

R: Ich sehe diesen andern da nur pausenlos in magische Praktiken verstrickt, es ist mir selbst fast schon peinlich. Und ich weiß nicht, ob er mich als Anwalt seines Vertrauens überhaupt ernstnehmen oder mich als Zwangsverteidiger ablehnen würde.

M: Um uns jetzt nicht selbst auch noch verzaubern zu lassen: wo so viel von der Bemühung um Anteilnahme die Rede war, wie äußert sich denn dein Mandant persönlich zu den von dir ihm unterstellten Partizipationsgelüsten?

R: Ich sehe zum Beispiel eines: er spricht selten allein für sich – er spricht unentwegt zu anderen, irgendwelchen Freunden, einem imaginären Gegenüber, das vielleicht nur in seiner eigenen Phantasie existiert, das wir als Gesprächspartner aber doch wohl ernstnehmen müssen. Das veranlaßt mich zu der Vermutung, daß wir uns hier vielleicht auf dem Boden einer spezifischen Freundschaftsideologie bewegen – siehe Walther nochmal und seinen Freundschaftskultus, siehe aber auch wieder Klopstock und seine sentimentalischen Geselligkeitsvorstellungen.

M: Was heißen würde, daß sich das Ich allein nicht genug ist. Daß es Gesellschaft aber in einer Gesellschaftslücke sucht. Eine Klassenzugehörigkeit ist nicht auszumachen.

R: So wenig wie der Zug zu einer konspirativen Vereinigung. Ich möchte am ehesten noch auf das Bedürfnis nach Leidensgenossenschaft erkennen. Das ist in der Poesie nicht neu und sicher auch nicht verboten.

M: Es ist wenig.

R: Sagen wir. Sagen du und ich von unserer klaren Klassenperspektive aus. Ich seh aber doch noch was mehr. *Ich sehe eines,* und zwar in der nun schon häufig von uns angesprochenen Sinnbildlichkeit: wenn diese Gedichte auch nicht gerade rosige Aussichten eröffnen, dann vermitteln sie doch ein paar Einsichten. Zum Beispiel, hier ist eine irrende Seele, sagen die Gedichte ziemlich frei und unumwunden, hier liegt ein Gesellschaftsschaden vor, vielleicht sogar ein gesellschaftlich grundierter Dachschaden; bloß – *bloß*, Herr Staatsanwalt! – das sprudeln sie ja nicht einfach nur so ungereimt heraus, im Gegenteil, das tragen sie vor in einer ernstzunehmenden gebundenen Form und mit einer – sei es auch artistischen – Disziplin.

M: Womit wir uns, kunstideologisch, nun allerdings ganz offen auf dem Gebiet einer ästhetischen Religiosität bewegen.

R.: Die Botschaft heißt nicht «Kunst». Sie heißt nicht einmal «Lebenskunst». Sie heißt – da steht es! – «Überlebenskunst», was ja wohl doch auf ziemlich menschliches Gelände deutet. Darf ich das, ohne mich nun gleich als Sympathisant erklären zu wollen, vielleicht einmal so auslegen: gewisse Empfindsamkeiten wagen sich bis an die Grenze jener finsteren Bereiche vor, wo das Ich beinah nur noch in der Leideform existiert – auch wenn der von uns erstrebte Sozialismus sich solche Anfechtungen eigentlich gar nicht leisten kann. ABER: wo der Erkenntnistrieb oder die Wahrheitssucht sich bereits so weit nach vorn begeben haben, daß man allmählich schon Angst um den Zusammenhalt ihres Trägers haben muß, da gibt ihm die Kunst, nein, nicht nur zu sagen, was er leidet, sondern auch, was ihn zusammen-, was ihn aufrecht hält.

M: Obwohl das nun fast schon wie eine Schlußapothese klingt, muß ich doch noch mal nachhaken. Sagen wir also – vielleicht durchaus noch gemeinsam – daß die fortschreitende Arbeitsteilung die menschliche Persönlichkeit, beziehungsweise dies Individuum zerteilt/zermahlen hat. Und da kommst du nun hoffnungsvoll mit deinem künstlichen Alleskleber, Poesie genannt, und sagst: hier ist der Kitt für die Welt, meine Herrschaften, bitte bedienen Sie sich und heften Ihre entzweiten Einzelheiten wieder zusammen – am besten nach den beigefügten Klebemustern. Meine Frage – skeptisch, ketzerisch, mißtrauisch – wieviele arbeitsteilig zerrissene Individuen, wieviele von den am krassesten betroffenen Minderprivilegierten dies geforderte Interesse an der Kunst überhaupt noch aufbringen.

R: Das Interesse an Kunst? Ist ganz und gar allgemein und überhaupt durch keinerlei anderes Überbaubedürfnis zu überbieten. Im Ernst, wohin ich blick in der gesamten privilegierten oder unterprivilegierten Welt, sowie nur eben der gröbste Hunger abgesättigt ist, worauf seh ich die Leute ihr fast hemmungsloses Begehren richten? Auf Kunst und zwar auf Kunst in all ihren Disziplinen. Der Familienvater, der den ganzen Tag wie ein Verrückter ins Geschirr geht, wohin mündet eines mühevollen Arbeitstages Sehnen und Trachten? Auf den Feierabend, wo er erlöst vor seiner Musenkiste zusammenbricht, um bei «Ohnsorg» oder «Komödienstadel» oder bei «Was bin ich?» wenigstens den Schatten einer Identität zu erhaschen. Oder der Teenager, der sich so schnell wie möglich aus der Arbeit fort und in die Diskothek wünscht, was hat er im Sinn, was erhofft er, wonach dürstet ihn? Hör doch hin, nach einem Schlagertext, den er im günstigen Fall sogar nachsingen kann, um der Entfremdung wenigstens für Augenblicke zu entgehen. Aber der Wahnwitz geht ja viel weiter, die Sucht viel tiefer. Lös einen Menschen aus den allgemeineren Kommunikationsbedingungen heraus, verfrachte ihn auf ein Schiff oder steck ihn in den Knast, was treibt er? Nach vierzehn Tagen spätestens fängt er an, an sich herumzutätowieren – *Kunst!* Oder die mit sich und dem spätkapitalistischen Putztrieb allein gelassene Hausfrau, womit krönt sie ihre Tagesleistung? Sie knifft die Sofakissen in der Mitte – *Kunst.* Oder du betrittst ein öffentliches Pissoir, was entdeckst du über der Rinne? Reime. Poesie. *«Allemann an Deck, der Pißpott leckt.»* Gedichte. Kunst. Und wenn mein gutes altes *‹Volksvermögen›* auch nur einen einzigen unwiderleglichen Beweis geführt hat, dann doch ganz gewiß diesen, daß der Mensch von Kindesbeinen an mit Kunst umgeht. Ergo – womit wir es zu tun kriegen, ist ein Elementartrieb, ganz egal zunächst wohin er umgebogen werden kann und inwieweit er allenthalben industriell überfremdet wird.

M: Das scheint mir allerdings die Kardinalfrage – der kulturpolitische Dollpunkt. In einer Zeit, wo schlechthin alle menschlichen Triebe vermarktet werden und praktisch kein einziges Grundbedürfnis von der Verwurstung ausgenommen ist – wie verhält sich, oder besser, wie sollte sich die Poesie hier verhalten?

R: Na, mit der Marktgesellschaft hat sie doch nur einerseits zu tun. Sie ist ein Opfer.

M: Und spricht zu Opfern?

R: Als Opfer zu Opfern, als Gesellschaftsschaden zu Gesellschaftsschäden, als Minderprivilegierte zu Minderprivilegierten.

M: Nein, das stimmt doch gar nicht. Dann eher schon als Privatpatientin zu andern Luxusleidenden.

R: Die Leidenszone ist breiter als man denkt.

M: Dünn wie die soziale Oberschicht.

R: Irrtum. Die wirkliche Oberschicht leidet nicht mehr relevant. *Die* pflegt ihre Hypochondrien und trägt früherer Epochen abgelegte Gefühle auf. Die ernstzunehmende moderne Poesie hat mit der Oberschicht und ihren flauen Gemütsbewegungen nichts, aber auch überhaupt nichts zu tun.

M: Sondern?

R: Die kulturführenden Schichten sind ganz eindeutig der abgesunkene Mittelstand und das akademische Kleinbürgertum.

M: Na-na-na –

R: Bloß mit Kopfschütteln bringst du das auch nicht aus der Welt. Kunst entsteht, Poesie entsteht im Moment nur in dieser gewittrigen Hochspannungszone zwischen klar fundamentierten Klassen.

M: Das Kleinbürgertum scheint mir weniger hoch gespannt als tief unlustig, veränderungsunlustig. Es bewegt sich nicht im mindesten. Es haftet. Klebt. Auch an seinen anfechtbaren Bildungsprivilegien.

R: Diese Privilegien sind mittlerweile selbst zu einem Faktor von Anfechtungen geworden.

M: Das Privilegium als Leidensquelle – überraschend!

R: Ja, das ist neu. Qualitativ neu. Und hier kommen die klassischen Begriffe vom Kleinbürgertum und seinem beschützenden Überbau aus «Wissen ist Macht» und «Bildung als Besitz» allerdings nun ein bißchen ins Wanken. Gottimhimmel, daß es diese Privilegien gibt, will hier doch kein Mensch bestreiten. Ich selbst bin in ihren Genuß gekommen, du natürlich auch, und die paar Hörer, die uns bis in diese Nachtstunden hinein noch verfolgen können, gewiß um nichts weniger. Aber nun frag ich dich – bitte offen! und wir führen hier ja wirklich keine Klagen über Unternehmerrisiken und Verantwortungsqualen auf Chefetagen – frag ich also, worin und woran diese sogenannten Privilegien praktisch und konkret meßbar sind? In einen Surplus an Bewußtsein, meinetwegen, aber was heißt denn dieses Bewußtsein selbst wenn nicht erhöhtes Problembewußtsein, gesteigertes Krisenbewußtsein, gesteigertes Leidensbewußtsein?!

M: Ich bin nicht unbelehrbar, aber ich glaube, wir bewegen uns im Kreis.

R: Bitte stell dir das lieber mal in aller Ruhe vor: diesen kleinbürgerlichen Unsicherheitsbereich zwischen deutlich voneinander abgehobenen Klassen, lassen sich da überhaupt noch richtige Perspektiven erkennen, oder nicht vielmehr nur Fluchtlinien? Gibt es Aufstiegschancen, gesicherte, gibt es wirklich noch sowas wie ein geregeltes Laufbahndenken *oder* schon nur noch Rutschbahnvorstellungen? Ich würde sagen, sowie man sich hier auf seine Basis besinnt, wird der Blick nach unten fast schon ein Blick ins Bodenlose. Und nun stell dir weiter vor, daß diese an sich gewiß ziemlich beharrungsfreudige Schicht ja in einem bestimmt nicht beharrt, biologisch noch nicht in den Ruhestand getreten ist, also Kinder hat. Kleinbürgerkinder, gewiß, ein problematisches Kapitel, mit Bildungszuwendungen ausgestattet, die eigentlich zielstrebig auf die Oberklasse zusteuern lassen müßten, bloß – *bloß* –, und hier wird der ganze Kasus wirklich kritisch, hier kommt der Qualitätssprung – daß die genossene Bildung nicht mehr in der Akkumulation von Wissen besteht/bestand, sondern in der Akkumulation von Bewußtsein ...

M: Du meinst, daß hier ein statischer und bewahrender Bildungsbegriff von einem kritischen, dynamischen abgelöst worden ist?

R: Worauf diese jungen Leute eingeschworen sind und was sie intus haben, das sind nicht mehr die Klassiker der Harmonisierung und des gesellschaftlichen Ruhestandes, sondern die Klassiker der Kritik, der Grundlagenkritik. Die Klassiker des Klassendenkens und der Gesellschaftsveränderung. Das heißt, daß das Bildungsprivileg hier durch besondere Umstände zu einem Überbau geführt hat, der das angestammte Klasseninteresse wirklich gewalttätig transzendiert. Und warum transzendiert? Weil dieser kleinbürgerliche Bruchladen außer durch Zwangsmaßnahmen – wozu auch Zwangsgedanken gehören – gar nicht mehr aufrecht zu halten ist, und weil die kritische Sonde, einmal angesetzt, die gesamte Klasse, diese Mittelklasse von unten her bis oben hin in Frage stellt. Wer hier nur mal mit der nötigen Entschiedenheit an zu bohren fängt, der merkt, daß hier überhaupt nichts mehr zusammenstimmt, die vom System bedrohte Basis nicht mit den Herrschaftsvorstellungen, die Gesellschaftsideologie nicht mit den konkreten Gesellungsformen, der Wurm sitzt praktisch überall, auch im Überbaugebälk, sodaß das progredierende Bewußtsein selbst seine eigenen Bildungsunterlagen bezweifelt, die Bildungsprivilegien also.

M: Daß das Bewußtsein sich selbst bezweifelt, ist, zumindest literarhistorisch, nicht so furchtbar neu. Zu denken zum Beispiel nur an den frühen Brecht: «Der Geist hat verhurt die Fleischeswonne / Seit er die haarigen Hände entklaut.» Zu denken vor allem auch an Benn: «Ein armer Hirnhund, schwer mit Gott behangen. / Ich bin der Stirn so satt.»

R: Nur daß das Bewußtsein sich heute seiner Herkunft aus einem völlig mulmigen sozialen Sein bewußt geworden ist. *Und* daß es seine Integrität nun nicht mehr in einem vorsintflutlichen Arkadien sucht, sondern in der politischen Tat, in der spontanen Aktion.

M: Du denkst jetzt an Baader–Meinhof und die Folgen?

R: Denke an B und M. Denke an die Nachfolge- und Aufbauorganisationen. Denke auch an eine scheinbar so obskure Erscheinung wie das «sozialistische Patientenkollektiv», das mir so obskur gar nicht scheint, weil wir mit ihm den Bereich der dekadenten Luxusleiden endgültig verlassen und am unerwarteten Ort einen Kriegsschauplatz betreten. Die seelischen Versehrungen und Verwüstungen werden mit einer gewissen Psycho-Logik als Kriegsverletzungen dargestellt. Verwundungen, die man im Klassenkampf bezogen hat. Aber das alles sind wohlgemerkt nur extreme Protuberanzen eines viel allgemeineren Bebengürtels.

M: Ein Nachtrag zum Thema Klassenunsicherheit – jetzt bezogen auf diesen Extrembezirk. Der Anschluß an die Arbeiterklasse blieb wohl meist in der platonischen Willensbekundung stecken.

R: Die unpopulärste Unidad popular, die sich denken läßt.

M: Wohingegen das angehobene Bürgertum ja nicht nur nicht mit seinen Sympathien geizte, sondern auch mit handfesten Subsidien beisprang. Du hast dich selbst des öfteren ausgiebig mit dieser sogenannten Anarchistenszene befaßt und steuerst auch jetzt wieder zielsicher darauf zu –

R: Soziales Transvestitentum.

M: Naja, gut, das ist ein kleidsamer Begriff und vielleicht auch ein passender. Worauf ich hinausmöchte, ist allerdings, ob diese psychologisch oft sehr einfühlsamen Beschäftigungen nicht ihrerseits eine besondere Vertrautheit mit einem ganz bestimmten Gefährdungs- und Versuchungsbereich verraten?

R: Vor einer so direkt gezielten Frage muß ich mich noch einmal zweiteilen dürfen. Ich bin immer politischer Gegner gewesen, ich hier, verstehst du? Ganz entschiedener Ablehner schon ziemlich früh und als der Sympathiekreis noch groß und umfassend war. Wohingegen die Poesie – na, entweder sie kommt vom Himmel, worunter ich eine unverstörte bourgeoise Spielsphäre verstehe, oder aus solchen Verkantungen und Verwirrungen, wie sie eine schiefe Klassenlage mit sich bringt.

M: Die Poesie als eine legitime Schwester der Anarchie?

R: Mit dem einzigen gewaltigen Unterschied, daß Poesie ihre eigenen Halte- und Ordnungssysteme entwickelt. Ziemlich rigide sogar. Und daß sie einem Äußersten an Gefährdung/Bedrohung mit einem Äußersten an innerer Festigkeit zu begegnen sucht.

M: Also am Ende doch wieder eine Art von formaler Sittlichkeit oder ästhetischer Religiosität. Der Begriff von Veränderung auf ein klares Ziel zu spielt anscheinend gar keine Rolle.

R: Für mich schon. Aber kenn einer diese vertrackte Zweitperson mit ihren Ausnahmezuständen. Darf ich noch einmal betonen

– und das ist ganz gewiß kein feuilletonistischer Spaß! – daß dein Gesprächspartner hier und unser gemeinsames Diskussionsobjekt getrennte Existenzen führen und unterschiedliche Interessen verfolgen. Es kann also durchaus sein, daß der eine von uns für politische Parteiungen oder gesellschaftliche Ordnungen votiert, vor denen der andre sich schüttelt. Daß ich Perspektive sage und der Lyriker: Gott, welcher stumpfe Winkel, welche platte Aussicht. Daß ich auf Veränderung dränge, und der Poesiemann mäkelt: das sei nur noch eine hohle Larve, hinter der sich Wankelmut und Konvertitentum und Mangel an eigener Festigkeit verbergen. Du siehst schon auf dieser sehr allgemeinen Generallinie, wo *wir* beide uns fast ohne Diskussion verstehen: nicht das Minimum an Übereinstimmung und unentwegt neue Anlässe zu Kontroversen.

M: Das hieße also, daß nur – ich sage es mal platt – nur ein Teil deiner Person für diese besondere Art der Poesie verantwortlich zeichnet.

R: Nicht ganz. Weil diese intimen wohngemeinschaftlichen Zusammenhänge natürlich ein ganz eigenes Druck- und Widerspruchssystem entwickeln. Keiner ist ohne den anderen denkbar.

M: Ich konstatiere trotzdem so etwas wie einen antagonistischen Widerspruch im eigenen Haus. Wären – das ist nun allerdings meine allerletzte Frage – wären politische Zustände oder gesellschaftliche Entwicklungen denkbar, wo diese Antagonismen sich in dialektische Widersprüche auflösen könnten? Im Hinblick auf die Poesie: könntest du dir Zeiten vorstellen, wo sich die Einheit der Person in sagen wir mal politischen Gedichten restituieren würde?

R: Ich befürchte, das würden ziemlich schlimme Zeiten sein. Druck- und Verfolgungszeiten. Zeiten, in denen der politischen Widerrede endgültig der Mund verboten wird. Zeiten, in denen der Widerstand nur noch in solchen verbalen Protestformen überwintern kann. Wenn mich nicht alles täuscht, ist die Entwicklung auf solche Zustände zu in den nächsten Jahren nicht auszuschließen.

21 Gedichte

Druse

12. Januar 72. – Im Zuge Aufräumungsarbeiten auf literarischem Trockenboden noch etwas Glut in abgelegten Sparstrümpfen entdeckt. Mutwillig hineingeblasen und – huch! – die ganzen alten Gespenster der Vergangenheit stieben noch einmal funkenziehend durch den Raum – Die Helden erster Ordnung – tränentreibende Tragödien – Ja, sowas nennt man Zenit, wenn einer..... mit bedeutsam wakkelndem Kopf – der historische Zadder – wie er sich manchmal noch bedächtig auf mittlere Höhe bringt – Aber diese Treue zu sich selbst hätte doch gesehen werden müssen – ein standhafter Spitzenneurotiker – für eine Pressenotiz dem Abgrund zu – Ja früher, da war man besser, in gebundener Rede etcetera......: erstklassige Taschenblitze, Reibfläche gleich in der Hose – Wer Sie wirklich sind, möchten Sie wissen? Ich glaube, Sie bemühn sich da um eine Klarheit, die gar nicht erwünscht ist..... – Heute: im Kreis ihrer glatzköpfigen Ideale – Ihre Hoffnungen auch schon um einen Kopf kürzer gemacht – ein bemerkenswertes Lamento – ausgestopfte Erinnerungen – Nur dies Eingelegte im Kopf – nur das goldne Gezänk deiner Jugend – raschelnd
entfalten die Fledermäuse
der Kindheit die Flügel....
Stahlstichflügel –
Hol deine Flügel aus dem Rauch –
mit spakigen Schwingen –
bis unter die Achseln grau –
der gepreßte Fittich –
Und der Diercke entfaltet die Schwingen –
der alte Brehm –
Wenn der alte Brehm –
(wenn im alten Brehm – wie im Brehm sich noch einmal –)
WIE IM ALTEN BREHM

Wie im alten Brehm die Fledermäuse
manchmal noch ihre Stahlstich-Flügel entfalten,
und der Erdalfrosch unversehens sein
aus der Jugendzeit quakt,
so entringt sich auch meiner ausgestopften

Brust
gelegentlich eine Art von Bewegung,
und mächtig zerrt das alte Herz am Suspensorium.

Ja früher, da war man im Kommen –
Sie wollen doch bitte bedenken, daß ich einer Generation
angehöre, die sich ihr Weltbild
praktisch
mit bloßen Händen erarbeitet hat.
Als wir in die Geschichte eintraten,
steckte Nobile gerade bis zum Vollbart im Packeis;
Amundsen,
fraglos und mit dem Rücken zum Publikum,
strebte polwärts, zu retten, was nicht mehr zu retten war:
den inzwischen flüchtigen Nobile .....
Von solchen unbedingten Anstrengungen
fiel aber
ein Abglanz
auch auf unsere Windeln.

Der den Vorteil hat, nach uns zu kommen,
wie ungetrübt saugt er doch seinen
Steril-Kakao aus der Lupolen-Einwegflasche,
wie – – –

16 Uhr 30. – Auffanggläser beiseite gestellt. Filterpapiere abgeheftet. Drei Kreuze geschlagen. Schlußstrich gezogen. Lyrik in meinem Alter noch? Wohl doch'n bißchen unseriös. Zumindest ein Luxus, den man auf längere Sicht gar nicht durchhalten kann. Man zieht und zieht seine
Schatten
aus spitziger Feder,
kilometerweise, aber
von einer gewissen Qualität an wird es dann
für Dritte und Vierte fast zwangsläufig
un-ver-ständlich –
Wackeln Sie nur nicht so
unmutig mit dem Überbau, meine Herrschaften!
Wenn diese Gesellschaft sich keine
Gedichte leisten kann,

den Anspruch,
ne Kulturnation zu bleiben, werde
ICH?
aus eigener?
Tasche?
bestreiten?
Gar nichts werd ich.

Nekropolis

Nur immer fort, nur zu, nur Schippe über Schippe,
hier groß empfunden ist bloß feucht geniest –
Die Wörter pladdern auf die Abfallkippe,
bis sich die Grube füllt, die Strophe schließt.

Noch eine Schaufel Dreck für einen Flügel,
ein Ehrenwurf für einen noblen Spleen:
Wie grad die Zeile fällt, hebt sich der Scherbenhügel,
der Fragen deckt, die Kreuze nach sich ziehn .....

+ +
+ + + + + + + + + + + + + + + + + +
+ +
+ + + + + + + + + + + + + + +

Ich glaub, du denkst, hier sinkt noch immer die Titanik,
wie jemand öffentlich mit viel Kultur ersäuft –
Hier wirkt nur – platzda! – eine Sanitärmechanik,
die Wort auf Wort zum Totenacker schleift.

+ +
+ +
+ + + + + + + + + + + + + + + + + +
+ +

Nein, nix Musik! und auch kein Büstenheber;
lieblose Jamben in ein Leichentuch gewichst.
Wer davon lebt, der stirbt daran, der Totengräber:
Uuuund auf! Uuuund ab! Der Rest wird aus-ge-ixt –

+ +
+ +
+ +
+ +

+ +
+ + + + + + + + + + + + + + + + + +
+ + + + + + + + + + + + + + + + + + + +
+ +

Vormärz

Ich saß, ich sah, ich schrieb,
der letzte Kuli,
der hinterm Glück zurückgeblieben war;
bereits der Morgen hatte was von Juli
mitten im Februar.

Wahrsager hauchten Löcher in die Glotze,
ein Fuder Lamahaar
drang in den Schlußverkauf ....
Aber am Bahnhofskiosk die Vierfarbenvotze
zog weit die Blume auf.

Auch frommer Stoff ging um, verwehte Passacaglien,
Klavierstaub
schwebt ums Ohr –
Mein großes Herz steht auf und rasselt an den Traljen,
tief innen außen vor...

Im Nehmen hart – im Geben sparsam:
gewaltig,
wie du dich bezähmen lernst.
Wohin die Fahrt im beinernen Gewahrsam?
Ah, richtig, da ist Dichtung, das ist ernst.

Das ist die Lebenskunst der Sitzenbleiber:
einer muß wachen,
der die Bücher führt,
glasklar, eiskalt, bis seinen Kugelschreiber
von selbst der Schlagfluß rührt.

Gefriergetrocknet und asbestbeschichtet,
betongefüttert, eisenüberkappt –
Wenn auch noch du zerläufst,
dann hat die Menschheit ausgedichtet.
Dies wissend, wirst du still, wenn süß die Gülle schwappt.

Schon ab Vierzig

Grauer Gast in vielen Freudenhäusern,
Ehrenjungfern werden merklich knapp,
wie sie dastehn,
so in ihrer Blüte,
eisern;
und du puckelst dich mit deinen Sünden ab.

Wenn dir unterm Hemd die Flechte juckt,
glaub nur nicht, du wärst ein großer Friedrich –
Die Natur zerreißt dich
regelwidrig,
Schicksal ist ein Kunstprodukt.

Tragik?
Damit zieht man Kälber groß.
Wer Fortüne haben will, muß stechen.
Schon ab Vierzig wird die Liebe zum Verbrechen
oder aussichtslos.

Liebe hat mit Dichtung auch nichts mehr zu tun:
keine hohen hier,
keine Selbstgefühle;
trab nachhause, alte Suchtkanüle,
schieß dich voll und laß dich ruhn ...

Du – im Kampfe unbesiegt;
Du – nur von der eignen Hand verletzbar –
Doch der letzte Donner
nie mehr übersetzbar:
wenn dein Kopf dir um die Ohren fliegt.

Abtrunk

Schnaps, du mein Brennglas,
in dem ich mich sammle, verliere,
was les ich auf deinem Grund?
Ob ich den Schädel – zackwumm?! – mit einer Kugel
plombiere,
oder geht's nochmal rund?

Schön und geschäftig sind
die sich von Pfosten zu Pfosten hangelnden
Glyzinien Roms oder Berlins –
D a g e g e n m e i n L e b e n!
ausgehaucht einfach aufgrund des mangelnden
U n i v e r s a l b e n z i n s.

Freiheit und Brüderlichkeit, alles Scheißhausparolen:
mach die Luke auf,
Kette ziehn,
Durchzug im Überbau ....
Die Tage der Kraft sind in den Tagen der Schwäche
nicht wieder aufzuholen,
nicht einmal mit Stil und Knowhow.

Soll ich etwa den ganzen grauen Müll
nochmal umtüten?
Neu beschriften? – Marke drauf? – Abtrimo?
Schlimmer sind die schon bei Dreißig mit sich
herumhüten:
der laufende Leichen-Zoo.

Wer das sieht, wie es feig an ein stilleres
U f e r f l ü c h t e t
und sorgsame Kreise zieht – ! –
Wenn es der Zufall will, aber will-er-es?
platzt mir heut noch mein Herzhämorrhoid.

Fahr ich hoch aus dem knirschenden Joch,
mit ununterkriegbaren Sinnen:
I c h w i d e r s p r e c h e,
i c h w e t t e r l e u c h t e n o c h!
conquistadorisch nach innen.

Über die einen . . .

Das ist die Schande, das ist der Dreck,
das sind die uralten Lieder:
Über die einen geht man hinweg,
vor den andern wirft man sich nieder.

So einzig bist du nicht auf der Welt,
Verlierer aller Klassen –
siehe Tantalus, wenn ihm der Zweig wegschnellt
und er mag ihn nicht fahren lassen.

So ist es, der Gottesfürchtige klebt
beschaulich am Pappnen und Blechnen.
Wer dagegen im Blickfeld der Obenda lebt,
muß schon mit Ausfällen rechnen.

Mein emeritierter Vesuv steht leer
wie mein Bett, mein unbeweibtes;
ich leiste mir kein Pompeji mehr,
kein berauschtes und kein bestäubtes.

Zum Gaukler fehlt mir die Handvoll Glück,
zum Jeremias die Weitsicht;
und der Kummer bewirkt diesen bösen Blick,
vor dem sich die Unschuld bekreuzigt.

Das wird immer sichtbarer least not last,
daß ich mich verlustreich zermartre.
Viel lieber blickte ich bleiverglast
und blöd in den Domchor zu Chartres.

Ich frage mich nur, was lässet mich
so krampfhaft mit Engeln ringen?
Die Geister sind auch gewerkschaftlich
nicht recht zum Schweigen zu bringen.

Das fährt aus Pandoras Musicbox
in Fortunats Unglückssäckel:
stirnauf – stirnab – Paradies – paradox,
und ich find nicht den Dichtungsdeckel.

Kiez

Alter Mann, auf frischer Flucht befindlich,
spritgetränkt,
ein feuchter Nervenwisch –
Mensch, dies Schnaps- und Theoriegemisch
ist noch immer leicht entzündlich.

Warum krempelt sich dein Kopf nach innen?
Schrumpft
der leichenfarbene
Polyp?
Eine Freitagsnacht voll Trebegängerinnen,
ist das etwa nichts? Jugendtrüb?!

Fordernd federnd nimmt ein Schicksal seinen Lauf.
Jeder Schritt reißt
Feuer aus dem Strich,
vorbehaltlos,
so als riebe sie sich richtig auf
ganz allein für dich.

Hast du noch was Silber, läßt sie Seide,
hast du Gold,
dann bricht sie völlig ein:
Zwischen Mund und Arsch das Eingeweide:
alles dein!

Bruder, führst du auch ein ungeliebtes
Leben,
hau es auf den Kopf, das Haupt –
seinen eignen Leidenssirup saufen, doch, das gibt es,
öfter als man glaubt.

Liebe ist kein Feuer, ist ein Vieh –
Wer ein Grab besteigen will,
zähl seine Groschen...
Leer das Herz und deine Hose ausgedroschen:
Dieser Tag war auch nur wieder einer wie –

Alle deine Uhren abgelaufen,
innerlich und eigentlich.
Marsch hinauf
auf deinen Zimmer-Scheiterhaufen
und verbrenn für dich.

Undine

Zieh sie an Land,
die säuselnde Sirene;
frag nicht, wer dich belügt –
Ein Kopf voll Haare und das Maul voll Zähne
genügt.

Schmeckt nur die Brust nicht schal;
wo hätte Wahnsinn je das Glück gemindert?
Du – krank im Geiste
und sie gehbehindert,
egal – egal.

Der Wind zieht an und schleift die Wolkenreiche;
langsam
steigt dir der Whisky
zum Zenit.
Wer weiß – du nicht! – ob auf der Knochenbleiche
nochmal die Primel blüht.

Ob das nochmal zuhauf,
nochmal zusammenkommt, der Wust an Gotteswundern …
Schon – schnappen – deine Lungen
wie zwei Flundern,
die Jadebucht reißt auf:

Wasser strömt vor,
ein Sturmtief wirft
Meerflocken über das entflammte Laken.
Komm, kucken, Kunst:
die japsenden Kloaken –
der Bagger seufzt und schlürft.

Reisender

Melk – Sankt Pölten – Wien,
the world was magic,
und die Donau floß mir durch den Sinn –
Slibowitz!
das ganze Tal roch zwetschig,
und ich mittendrin.

Oder geistern schon die Treber-
dämpfe
durch mein eignes Oberhaus?
Manchmal trägt der Zug
mich behutsam wie ein Tortenheber
über mich hinaus.

Wolken, denen ich im Fluge nachsinn,
Zeit,
in die ich mich vertu, vertief –
Aber Achtung!
dieser Altersschwachsinn
ist noch explosiv.

Wenn zum Beispiel mich dein engster
Rock, Meinkind, vom Himmel runterholt
– Nudel- und Marillenstern! –
Ich: gesammelt wie ein Geiselgangster,
dirty-old,
aber nicht mehr fern.

Plötzlich: roter Schinken, weißer Speck:
Fahnen flattern – wen zu grüßen?
Pilger wallen – wem zum Heil?
Manchmal, eh ich aufschau, blick ich weg …
und schon schwanke ich
auf feuchten Freiersfüßen
einsam durchs Abteil.

Ach, ich kann nicht mehr,
ich bin verrückt,
ich leide!
(kilometermüde und gedankenkrank)
Walther! von der Vogelweide,
lös-oh-lös
meine Ketten von der Rentnerbank.

Schienenstöße, doch mit immer taubern
Schwellungen
geleiten mich zu Tal, zu Grab –
Leichter sind die Geier anzuziehn
als Fortuna zu bezaubern:
Wien bleibt Wien –
Doch der Genius schreitet fort, schrammt ab.

Cicerone

Ach, wie gern ich andres schriebe –
Rom ist tot, Sankt Peter schweigt;
was ist Tizian, wenn nicht Liebe
mit dem Finger auf ihn zeigt?

Marc Aurel schwebt unveraltet,
Caesar ziert sich frisch vergipst:
alles einwandfrei gestaltet,
nur der Zauber ausgeknipst.

Was zu geben war, du gabst es –
(Was der Dichter sagt, das gilt!)
Nonnen, Schwarzbuntvieh des Papstes,
hasten kopflos durch mein Bild.

Plötzlich birst der Campanile:
wenn du hören magst, vernimm's:
s t ä h l e r n, ohne Selbstgefühle,
tret ich an den Lebenssims.

Suche hinterm Horizont
Deutschland-Deutschland nicht zu deuten:
Unbegreif-, Gewöhnlichkeiten:
s c h w a r z – r o t – b l o n d.

Elbterrassen

Ober 2 Bier, 1 Sprudel und 8 Körner,
den Rest auf eigene Gefahr –
ich seh schon jetzt
was meine Fassung sprengt:
riesig dein rosa Haar,
das geradewegs aus einem Bild von Turner,
von See her einwärts drängt.

Ist das astral? Orplid?
Fließend! Gewaltig! Leuchtend-ungekämmtes,
fast schon der–Strom–das–Meer–
Mein Auge sieht
dein Auge
sieht mein maßverklemmtes,
halb voll, halb inhaltsleer.

Ich weiß, ich kuck schon grad wie der verkannte
Vorstadtpoet ...
(Liebe ist nichts für zwei)
Wie sag ich's dir? rein technisch bin ich Dante,
seelisch,
weil mir dein Arsch den Kopf verdreht,
nur noch ein Mops im Mai.

Wie sich mein Blick in deinen Mund vertieft,
wünsch ich,
daß irgendwas – das Schweigen – bräche –
Ich leg die Hand auf Eis, mich abzuleiten ...
Wohin sie lenken, wem sie unterbreiten,
Selbstgespräche:
dem Volksmund?
wie er grün von Suppe trieft?

Liberia kreuzt auf,
Typhonkonzerte,
Sonne im Abgang, eine angestochne Sau,
die schon nach drüben kippt –
Wir mit Klavier und Geige Eingesperrte,

gen Süden ausgeflippt,
doch unterm Flügel dampft der Krakatau –

Was ist der Mensch?
Ein Erzmal oder Steinmal?
Ein Narr, der Zeichen in die Filze punzt,
betrübt und bitterlich?
Wie spricht der Weise?
Sintflut oder Kunst!
Ich gleit – und unterm Klapptisch bilde ich noch einmal
so etwas wie ein Ich.

Daß mir genügt, in sie hineinzufließen,
mich wegzuströmen,
also: also hab ich die Welt geliebt –
Den Anblick kannst du mit nachhause nehmen:
Mein Blut im Fluge,
Tränen,
mitten im Vergießen,
das Ding, von dem es keinen Durchschlag gibt.

Gleich gut, ob einer volläuft, ob verblutet,
spurlos, gehaltvoll, mit und ohne Schweif - - -
im Totenschiff oder im Hochzeitsschragen:
Der Mensch ist schneller beigesetzt als ausgetragen;
Hauptsache heute!
Schau:
über das Tischtuch flutet
die Brandung life.

Jetzt mitten im Klaren

Also Freund, also ernst, also eh ich endgültig verasche,
und meine Saugkraft verlier,
trink ich noch einmal
Blutsbrüderschaft
mit der Branntweinflasche
und du prüfst das Revier.

Ich nehm die Dickere, du nimm die Dünnere,
die Welt
läßt wieder mal hoffen;
woran, an welche Stunde ich mich erinnere,
ich war immer besoffen.

Schau, dieser stark bewölkt bis bedeckte,
diesige
Tag lichtet langsam die Miene:
leichtere Schnäpse, mittlere, schließlich riesige:
eine flammende Sonnenterrine –

Setzt euch nieder, frostklirrende Elfen;
dies ist hier kein Feuer von Stroh!
Immer zu! wir werden dem Eis schon zum Durchbruch
verhelfen
und den Büsten
herab vom Niveau.

Grüß dich Theben, hochgebaut, siebentürig,
wie rieselst du plötzlich zusammen
und kuckst so konkav?
Wenn zur Seite neigt sich mein Schiff schieflastig wie Lyrik,
unabwendbar wie Schlaf...

Muß ich etwa allein übern Fluß?
Was mauscheln die stygischen Schilfe?
Herr Charon, zwei Lethe!
eine kleine Übersetzhilfe,
aber Lethe mit Schuß!

Und nicht zu knapp bemessen:
W e l t, wie du im Rückblick dich wölbst.
Doch mein Stundenglas,
meine Einweguhr,
meine Smith & Wesson entsichre ich selbst.

Oder was oder wann oder wie?
Nein, lieber jetzt mitten im Klaren.
Und ihr spielt mir nochmal – diese alteda! –
M i s t m e l o d i e
von den Leuten, die strudelwärts fahren.

Meine Stelle am Himmel

Komm an die Theke, Besiegter, heut abend,
verbirg
dich nicht hinter Mumienbinden –
Wir werden im kapitalistischen Tollwutbezirk
schon noch einen Barhocker finden.

Schmeiß du die Lage, ich sing dir ein Liedchen dafür
von den fast schon
zertretenen Flammen---
Kopf hoch, Genossen, mit noch was Obstler bringen wir
genug kritische Masse zusammen.

Was man uns abband, steht deshalb nicht still;
selbst hier nicht im freundlichen Feuchten:
Ich will meine Stelle am Himmel
wiederhaben, ich will
noch einmal von vorne leuchten.

Daß sich die eine minderjährige
und meine U-Person
vielleicht doch noch finden und mischen ...
Offen Ihr, rede ich Blödsinn oder dichte ich schon,
oder lieg ich, unhaltbar, dazwischen?

Wo ich schon nichts mehr beherrsche,
hassend was ich bediene,
liebend was ich verlor,
zöge ich selbst noch die rasende robespierresche
Gleichmachemaschine
diesem Konkurrenzkäfig vor.

Wo waren wir stehengeblieben?
Kapitalismus ist Kiez:
einer betreibe des anderen Unterwerfung –
Warte nur balde – die Krise – die Lageverschärfung –
die inneren Widersprüche – dann unsre Klassenjustiz!

Alle verbrüdert – verschwistert –
gib mir den Gnadenschluck, Lotti, ein Letztes, ein Bier:
Schön wie von unten die Sonne steigt,
wie die Krone zerknistert:
wenn ich noch etwas lebe, les ich es,
hoffnungsleichtes chinesisches
Milligramm-Zauberpapier...

Anschluß an Masse finden

Freunde, Fließbandleuchten, Stechuhrasse,
Überlebenskünstler,
Hinz und Kunz,
somit leg ich meine Hand nochmal an Masse;
keine Angst,
ich bin ein Mensch von uns.

Allenfalls im Niedergehn geübter,
weiß ich nichts
was unsre Schmerzen dämpft –
Auch mein Schalterplatz, mein ungeliebter,
wie der eure
rücksichtlos umkämpft.

Sitzend
einen Furz zu überflügeln,
dafür sind wir auf der Erde angestellt –
Und ist schnurzegal,
ob in diesen Sarg mit Außenspiegeln
nochmal Liebe flutet, Sonne fällt ...

Nochmal Hoffnung winkt...
Was uns bindet,
sag ich euch verbürglich:
Alle meine Leiden waren wirklich,
nur die Reime,
nur die Form gelinkt.

Ohne Sender sonst,
ohne Hochantenne,
festgeigelt, zugeschneit–
wenn ich doch nur heulen könnte, wenn es
an mir runterränne:
Ströme–Flüssigkeit!

R a s e n
statt verkommne Träume auszuschwitzen,
j e d e r, j e d e ein Insekt im Harz –
m a n c h m a l
i m p l o d i e r t e i n K o p f i m S i t z e n –
Aber der Zusammenhang bleibt schwarz.

Noch weitere Leiden

Freunde, eh ich mich änder,
verschwind ich in der Heklaklamm;
ich hab noch grad den Finger am
Geländer.

Wenn stumm, wenn ungeschichtlich
Die Mistel von der Sehne schwirrt:
von einer gewissen Gewalt an wird
das Schicksal unübersichtlich.

Quatscht Ihr nur gegen Wände;
ich zahl für alles, was mir schmeckt.
Je mehr man sich in die Länge streckt,
umso platter wird man am Ende.

Die rasende Romanze
wird wer wie Ihr niemals verstehn;
doch ist die Welt zum Schlechtwerden schön
als ganze.

Und blickt auch gern verstockter,
wenn ich mich so erläutere.
Ich habe schließlich noch weitere
unheilbare Leiden, Herr Dokter.

Gut ausgeschlafen habend,
interveniert mein Sowjetkopf;
dann aber hängt mein Herz am Tropf
am Abend.

Ein Süchtling und kein Feigling,
halt ich den Geist mit Giften wach –
Hier gibts kein – Auswurf glüht nicht nach! –
Recycling.

Solange das Denkmal stürzt

Da ist das Wasser – blaueres und blaustes,
wo kein Bedenken uns
den Blick
verkürzt –
Häng du dich hilflos an dein durchgepaustes;
wir strömen aus in römischen Gefühlen,
solange das Denkmal stürzt.

Beschwingter Rahm, bewegte Eckensteher,
schlägt es uns um
vom Bett – ins Meer – ins Bett –
Wir kommen uns um einen Luftzug näher
und tragen Zwiebelringe um die Augen:
grün, grau und violett.

Wenns hochkommt,
reicht die Hoffnung manchmal nur noch bis zum Tresen;
wenn es bergab geht,
drehen wir die Füller auf –
Am Abend wissen wir, der Tag war nichts gewesen,
was wir am Morgen noch nicht glauben wollten
und fassen irritiert zum Samenknauf.

Zählen wir etwa nicht mehr zu den Reißern?
Kommt einfach Alter auf?
Sind wir im Nu passé?
Wir würden manches bis auf dies verschmerzen –
Laßt uns uns
einmal noch ganz beispiellos entäußern –! –! –
Und tief bis in die Artischockenherzen
erschrickt die Hautevolee.

Mailied für junge Genossin

Angesengt vom Sommer, abgetakelt vom
Fahnenschwingen und Bewußtseinzeigen;
wenn jetzt ein Junge käme, sagte komm,
ließ ich mich sofort vergeigen –
Meine allersäuischste Verehrung!
Ich verwüste mich s p e z i e l l f ü r S i e . . .
K o m m e n S i e u n d s e h n
die Bescherung:
meine wild bewegte Deponie.

'zähl mir nichts von Kriem- und andern -Hilden;
lerne: davon läßt sich gar nichts lernen.
Steh nicht rum als wolltst du Salze bilden,
eine Druse, innerlich, aus Sowjetsternen.
Nein, ich rede keinen blöden Mist
und bin weder so-, noch sorum abzurichten:
Gestern Kommunist – morgen Kommunist,
a b e r d o c h n i c h t j e t z t,
b e i m D i c h t e n ?!

Kunst als Waffe? – da sei Majakowskij vor!
Deibel, diese blutige Krawatte.
Dicker Danton, der den Kopf verlor,
als er seine Zähne noch beisammenhatte.
Daß der schöne Zweck die Leiden adelt?
H e p p! A p p l a u s!
Unter uns: d e r Tannenbaum ist abgenadelt
und dein Über-Ich ein Kartenhaus.

Wo ich dich in deinen Lastern so bestärk,
brauchst du nicht mehr gegen dich zu wüten.
Steig zu mir ins Hemd, mein Alterswerk;
a u c h f ü r M i s c h g e b u r t e n
gibt es Lebensmythen.
Warum sich die Birne auseinandergrübeln,
eh der Himmel uns vertut, zerstreut . . .
Angesichts von myriaden Übeln sind wir nur zuzweit.

Reine Wahrheit, ewig und unsäglich,
irrt im Kreise, weil sie nie bewirkt.
Komm! so links wie nötig und so hoch wie möglich,
Harmonie ist Kunst
und *die* schon halb getürkt.
Warum – wir uns – nicht noch einmal –
hochgepafft?!
Spann die Lungen sachte vor die Wasserpfeife;
daß dein Odem mich vermummt begreife:
Harun – pst! – als Raschidhaft ....

Elegie

Gruß aus Köln – die bleiche Trauerkarte,
die am Rand noch grad die Fassung wahrt,
würde- und bedeutungsvoll:
ah-was-soll
all das dämliche Getanke und Gestarte
für das bißchen Fahrt?

Staub zu Staub und Schaum zu Schaum:
Diese Knöchel oft umschlossen,
dieser Hintern tief geliebt,
haltlos durch ein Totenhemd gesiebt,
ausgeflossen
in den sterneleeren Kofferraum.

Efeu schleppt sich lautlos durch die Jahre;
immergrün und unbegrenzt
deckt er diesen früh entschlafnen Schoß;
knochenlos
trete ich vor deine Abendbahre,
zart wie ein Gespenst.

Hark ich dir die Erde vom Gesicht,
laß die Blumen von den Ketten
– himmelstrebend, hochgehanft –
Dich in mein entfliehendes Gedicht
u m z u b e t t e n
(Ruhe sanft!)
Da ist Silber – da ist Gold – ist Licht.

Hochseil

Wir turnen in höchsten Höhen herum,
selbstredend und selbstreimend,
von einem Individuum
aus nichts als Worten träumend.

Was uns bewegt – warum? wozu? –
den Teppich zu verlassen?
Ein nie erforschtes Who-is-who
im Sturzflug zu erfassen.

Wer von so hoch zu Boden blickt,
der sieht nur Verarmtes/Verirrtes.
Ich sage: wer Lyrik schreibt, ist verrückt,
wer sie für wahr nimmt, wird es.

Ich spiel mit meinem Astralleib Klavier,
vierfüßig – vierzigzehig –
Ganz unten am Boden gelten wir
für nicht mehr ganz zurechnungsfähig.

Die Loreley entblößt ihr Haar
am umgekippten Rheine . . .
Ich schwebe graziös in Lebensgefahr
grad zwischen Freund Hein und Freund Heine.

Zirkus

Zò, der Laden dicht, die Wetten abgeschlossen,
aus der Traum, die Augen aufgesperrt:
S e i n ist immer nur Bewußtseinsblähung –
I h r i n e u r e n E r d-,
wir in unsern blauen Luftgeschossen
– A b e n d – Z i r k u s – A u f e r s t e h u n g ! –
wo die Kuppel sich zum All entzerrt.

Wißt Ihr überhaupt was Kunst ist, I h r ?
A l s o – K u n s t i s t – e t w a :
ohne Netz und Joker,
zweite Leute, doppeltes Papier
(wie besehn, in unergründlichen Gefilden)
einen Vogelmenschen auszubilden;
keiner weiß, wer heute oben siegt –
Mitten drin im Überlebenspoker:
Ob die Kunst zu schweben, Lust zu stürzen schließlich überwiegt.

Es ist nicht, daß wir mit seltenen Magien ...
N i c h t s d e r g l e i c h e n !
Frei! an zwei-drei-vier verstrickten Nerven
schwingen wir uns in die Umlaufbahn hinein –
Jeder Kritiker darf dutzendmal verwerfen,
jeder Scheißpolitiker verziehen,
jeder Klotz erweichen,
nur der Gaukler muß unfehlbar sein.

Keine Sehnenzerrung, keine Schneeverwehung –
w a s e r w a r t e t w i r d
i s t e i n z i g
d i e s e s
l e u c h t e n d e S u b j e k t.
Frei von Lasten, Lebensängsten, Liebeskummer;
was gewünscht wird, ist die Todesnummer:
– A b e n d – Z i r k u s – A u f e r s t e h u n g ! –
absolut perfekt.

Sibyllinisch

Ab mit Bruch, sic transit gloria mundi:
Fortschritt wälzt sich nicht wie Lava fort;
atmet lautlos wie ein Pflanzendarm ...
Weimar, sicher, war erlebnisarm;
aber nehmen wir Botswanaland, Burundi,
was ist dort?

Abends, wenn die Sternemänner starten,
und die Glotze sprüht von Himmelsgischt,
hebt sich deiner Augen Doppellauf –
Komm, klapp zu, steck auf!
Aus sehr winzigen verstreuten Eigenarten
ist ein Individuum gemischt.

Wer das mitkriegt, wie du übertourig
ewig haltlos durch die Räume gurkst,
sieht nur gerade die Gestalt zerfließen – – –
Richtig Stil braucht Zeit, sich zu entschließen:
r o t f i g u r i g – s c h w a r z f i g u r i g :
welche Ruh! und kaum ein Strich vermurkst.

Wer du wirklich bist, ist gar noch nicht entdeckt:
etwas zwischen Einzelstern und Rudel,
bißchen Kunstgeschmack und bißchen Hundsgeruch;
nicht mal klassisch-klarer Widerspruch.
A b e r m a n c h m a l
i n d e s R e g e n s W a h r g e s p r u d e l
strafft sich – unnachahmlich – dein Subjekt.

Kein Apolloprogramm für Lyrik

Lyrik, Poesie, Sonette, Hymnen, Strophen, Oden – du versteh, panimajo? Nix? – also sagen wir mal *Gedichte* sind, wie ich es nach 25 Jahren Praxis einschätze, eigentlich kein öffentliches Thema. Ein allgemeineres wirtschaftliches Interesse liegt nicht vor; bei Ausfall greift kein Mensch nach dem Telefon oder dem Beschwerdebuch; die Nachfrage ist geringer als bei Nadelkissen, Katzenfallen oder anderen Auslaufproduktionen; Pflichtauflagen à la 2-Prozent-Kunstambau gibt es nicht, Betriebseröffnungen vollziehen sich so still wie Produktionseinstellungen, förderungsberechtigt oder abschreibungswürdig sind weder Terzinen noch Knüppelverse, von Überweidungsprämien ist so wenig bekanntgeworden wie von Abschlacht-Vergütungen; kein grüner Plan greift unter die Arme; kein gemeinsamer Kampfgesang pflanzt sich als Druckwelle fort in den Kulturamtsstuben; und die Frage, ob Poesie als Gattung überhaupt verschwindet oder sich in Einzelfällen noch einmal zur Hochform entwickelt, ist etwa so bedeutungsvoll wie die gesellschaftliche Relevanz von Flaschenschiffen und Zigarrenbinden.

Meine Buchhandlung von früher, die sich seit 55 ein paarmal rundum erneuert hat und mittlerweile nur noch Saisonware umschlägt, sprach neulich in einem Unterton des Tadels zu mir: «Herr R., wann sieht man denn mal wieder Gedichte von Ihnen?» Auf solche tartüffische Neugier wird eine redliche Antwort erwartet, wenn es nur vier Sätze weiter heißt: «Wir selbst führen ja schon seit längerem keine Lyrik mehr; die Nachfrage ist gleich Null; das Interesse hat sich ganz auf Soziologie und Politologie verlagert.» Ich will daraus nicht den voreiligen Schluß ziehen, daß man keine Gedichte mehr schreiben soll, aber den nachhaltigen, daß der Lyriker sich getrost als anthropologisches Monstrum verstehen kann. Wir kommen darauf zurück.

Alle Prognosen, daß es mit der Kunst überhaupt zu Ende gehe, sind nur Ableitungen des Gefühls, daß es so wie bisher mit ihr nicht weitergeht. Totenscheine jedenfalls sind der anhaltend Scheintoten schon so zahlreiche ausgestellt worden, daß wir ihr fast ein langes Leben prophezeien möchten. Eine der jüngeren Fürtoterklärungen – beileibe nicht die letzte – stammte von dem Frankfurter Krisenkundler Theodor W. Adorno, der im Jahre 1950 verfügte, daß man nach Auschwitz keine Gedichte mehr schreiben könne. Das klang seinerzeit schlagend bis erschlagend, obwohl eigentlich nicht recht einzusehen war, warum gerade das Gedicht für die Schandtaten der Vergangenheit einstehen sollte, nicht etwa die martialische Marschmusik, nicht die lebenslustige Operette, das unbußfertige Unterhaltungsstück, von den Henkern persönlich und den Henkershelfern bei Industrie und Wirtschaft ganz zu schweigen. Trotzdem verdienen die rabiaten Thesen Adornos ernstgenommen zu werden, und zwar als idealistisches Entsühnungsritual. Immer dann, wenn der auf nichts als Sprache trainierte Intellektuelle am Ende seines Lateins ist, und das kritische Bewußtsein wirklich in eine kritische Phase tritt (d. h. an den Punkt gelangt, wo es auf Handlung drängen müßte, auf Veränderung), neigt es dazu, sich der Verwicklung zu entwinden und den Erinnyen ein Liebstes vorzuwerfen, das ist nie sein Letztes, sondern ein Fetisch seines Seins, ein Amulett, eine angemessene Repräsentationsgabe, zum Beispiel die Kunst schlechthin, was ein gewaltiges Spektakel macht, aber für den Beerdigungsunternehmer generell folgenlos bleibt.

Man verstehe das Mißbehagen recht. Wenn Verzweiflung über die Ohnmacht des Wortes zur Bombe greift und ein seiner Basis nicht mehr sicheres Bewußtsein in besinnungsloses Handeln umschlägt, dann legt der Vorgang immerhin das Kunstwort Tragödie nahe. Ein bloß musikalisches Opfer, das nur eben die Kunst oder eine ihrer Unterabteilungen in Rauch aufgehen läßt, das Gedicht, die Theaterkunst, die Kritik, verpflichtet zu nichts und beweist nur, daß der Opferpriester sich selbst gern rein und heraushalten möchte.

«Sich nicht encanaillieren müssen», nannte Adorno ein Jahrzehnt später die Enthaltsamkeitsmethode, die sei es Unschuld, sei es Läuterung verhieß. Da hatte er der Poesie die Tür zur Welt wieder einen Spaltbreit geöffnet – nur eben ins schmierige Gesellschaftsleben sollte sie nie wieder zurück dürfen und nicht in den Sudel von Politik und Wirtschaftsfragen. Der undialektischen Verweigerungskampagne folgte der gleich undialektische Exodus der Kunst auf den Markt und ins Showbusiness.

In den mittleren Sechzigern schickte sich nämlich eine Schar von lyrischen Überlebenskünstlern an, die Kunst lieber zu Markte als zu Grabe zu tragen und, statt eine ehrenvolle Krypta unterhalb des Buchgeschäfts zu beziehen, die rettungslos ins Hintertreffen geratene Poesie neu in die Öffentlichkeit einzuschleusen. Die bei allen Einmischungsversuchen mitspielende Furcht, daß Poesie allein und für sich nicht mehr recht konkurrenzfähig sei, führte zu Verbundtechniken und Spannungskombinationen, die dann auch wirklich Tausende von Initiationswilligen auf die Beine brachten. «Lyrik und Kritik» nannte sich ein Berliner Massen-Symposion, «Lyrik auf dem Markt» eine Hamburger Freiluftveranstaltung, «Lyrik und Jazz» eine allseits beliebte Kopula und «Lyrik und Politik» bald darauf ein fast die Nation umspannender Vortragsreigen, der kein Ende nehmen wollte und schließlich den bloßen Gedanken an eine nicht tagespolitisch thematisierte Poesie zur sittlichen Verfehlung stempelte.

Die Absicht, die Dichtkunst aus einer beinahe als schicksalhaft empfundenen Denkmalsstarre zu erlösen und ihr einen bishin unbekannten Platz in der Öffentlichkeit zu erobern, geriet dabei unversehens zu einer ziemlich irrealen Stellungs- bzw. Entstellungsrevue. Daß in Hamburg und nachfolgend in zahlreichen anderen Großstädten Lyrik auf dem Markt gelesen wurde, mochte man bei einigem guten Willen vielleicht noch als einen Schritt ins Freie bezeichnen; ich habe den Vorgang nie für mehr als schöne Metapher gehalten. Praktisch war damit jedoch der Weg in die Absurdität bereits eröffnet, denn da die Gesellschaft in Wirklichkeit keinen Platz für Lyrik hatte, allenfalls Abstellplätze, verkehrte sich die Platzwahl selbst zur baren Utopie, d. h. zur krampfhaften Suche nach immer neuen Unörtern. In Frankfurt ließ man Schriftsteller in einem stillgelegten U-Bahn-Schacht vortragen. Der Lyriker und Romancier Peter Chotjewitz führte seine neuesten Kreationen im Opel-Salon vor. Ernst Jandl rezitierte Lautgedichte in einer Rotterdamer Straßenbahn. Renate Rasp bereicherte das Reizaggregat der Buchmesse 1969 durch Poesiedarbietungen bei ausgestelltem Barbusen. Nur durch solche Animationen und Dopplereffekte, schien es, ließ sich um das Wortkunstwerk noch eine öffentliche Spannungszone aufbauen. Wie lange? Bis das künstlich amalgamierte Interesse auf natürlichem Verschleißweg wieder auseinanderfiel und neue überraschende Verbindungen mit immer kürzerer Halbwertzeit erfunden werden mußten. Möglich, daß zur Zeit gerade irgendwo ein junger Unerhörter in der Anatomie vorträgt, am Autobahnzubringer, in der Trockenrasiererzentrale, neben der Dampframme – Lyrik zu Selbstverbrennung wäre vielleicht noch ein unterhaltsamer Exzentrikakt – Hauptsache, der Veranstaltungswert ist gesichert und die Umstände sind zitierwürdig. Sicher wie das Amen in der Kirche bleibt jedenfalls der Volkshochschuldauerbrenner «Mit anschließender Diskussion». – «Glauben Sie ernsthaft, Herr Klopstock, daß Sie mit Ihrem elitären Antikriegs-Dingsda ‹Der schäumende Held, der nach Lorbeer wiehert›, die Grenzen Ihres Bildungsbürgertums überwinden könnten?» – «Welche Zielgruppe hatten Sie vor Augen, Herr Majakowskij, als Sie schrieben: ‹Heut will ich meine eigene Wirbelsäule als Flöte benützen›?» Und kein Diskussionsleiter springt dem zusammengestauchten Eliteraten zur Seite und sagt: «Meine Dame, mein Herr, die Veranstaltung, die Sie meinen, die läuft gleich zehn Meter nebenan und seit gestern bereits im siebten Jahr.»

Stellen wir auf der einen Seite der Wortkunst (ihrer Außenseite) die deutliche Neigung zu Vermischungsprozessen fest (bei denen die Songbewegung einen selbständigen Sonderzweig darstellt), so auf der anderen scheinbar gegenläufige Entmischungstendenzen. Einer dringenden Forderung nach Entgegenkommen entsprechend, hat sich die Poesie bereits zu ApO-Zeiten vom viel zitierten Kothurn herunter und zu breiterer Verständlichkeit bequemt. Die Wende von den Sechziger zu den Siebziger Jahren zeigte vor allem einen Gedicht-Typ mächtig im Vormarsch, den man früher vielleicht etwas leichtfertig als zukurzgekommen bezeichnet hätte: das epigrammatische Lehrgedicht. Zu seinen unveränderlichen Kennzeichen zählen:

1. Geringer Umfang, straffes Bindegewebe.
2. Bequeme Überschaubarkeit plus das Bemühen, selbst etwas überschaubar, faßlich, einsichtig zu machen.
3. Die dialektische Entwicklung eines Erkenntnisblitzes aus der ungewöhnlichen Konfrontation gebräuchlicher Redewendungen.
4. Sprache nicht mehr als individuelles Ausdrucks-, sondern als didaktisches Demonstrationsmedium.
5. Verzicht also auch auf die Bekundung subjektiver Empfindsamkeiten, ja auf die Lebenszeichen eines sogenannten Subjekts überhaupt.

Bitte in den Vorführraum:

(Gerhard C. Krischker)

das gleiche

ein lahmer
fragt einen lahmen
wie gehts
ein arbeiter
fragt einen arbeiter
wie stehen die aktien

(Peter Maiwald)

Der christliche Unternehmer

Von ihm
sagte der Arbeiter B:
Er ißt
im Schweiße
meines Angesichts
sein Brot

Um nicht mißverstanden zu werden: diese einfachen Gedichte sind alles andere als unterentwickelt, sie sind fließbandreif. Ihr formaler Spezialismus (einerseits – andrerseits – peng!), ihre programmatische Ausnüchterung der Sprache zum Lehrmaterial, ihr radikaldemokratischer Verzicht auf Persönlichkeitsrechte und der totale Mangel an individuellem Spielraum, deuten einen Endpunkt an, in dem Produktion und Reproduktion zusammenfallen. Der leicht vorgebrachte Einwurf, daß so etwas jeder machen könne, bedeutet nach Maßgabe der Vervielfältigungsästhetik allerdings eher einen Vorzug. Da die Verse lehren wollen, ist es durchaus eine Erfolgsmeldung, wenn der Zuhörer, der Leser, der Schüler bekundet, das Rechnen, Schreiben und Denken habe er jetzt auch gelernt. Was freilich denn doch noch mit in die Bilanz gehört und was die Freude am wachsenden Lehrmittelvorrat vielleicht ein bißchen beeinträchtigen kann: daß es sich letzten Endes um ein äußerst künstliches Schulungsmaterial handelt, das weniger den Sozialismus ausbreiten hilft als die Epigrammaticitis. Was das Austragen von Wahrheiten anlangt – und ich tu ja von mir aus schon alles, um mitzuhelfen – bewegen sie sich ziemlich hoffnungslos in einem Mikrokosmos der Werkkreisanthologien, Literaturmagazine, Rot- und Quartbücher, was für Gedichte ja gar keine Schande ist, nur eben für erklärte Wirkwaren der schlechthinnige Entfremdungsstempel. Unverschuldet geraten sie hier in Konkurrenzen, die sie gar nicht interessieren dürften, die aber unversehens auf sie zurückschlagen können – wenn die enge Nachbarschaft ihrer eigenen Vergackeierung gleichkommt.

manche meinen
lechts und rinks
kann man nicht velwechsern
werch ein illtum
(Ernst Jandl)

Womit wir bei der höchsten Äquilibristik und gleichzeitig ganz unten beim Volksmund angelangt wären:

Mir und mich
verwechsel ich nich
das kommt bei mich
nich vor

Wir wollen aber weder hierhin noch dort längs, sondern zu jener zeitgenössischen Gegengattung, die man «neue Subjektivität» nennt, egal, wieviel betroffenen Subjekten sich dabei die sensiblen Haarspitzen sträuben mögen. In der Hoffnung, weder die Genannten noch die Mehrzahl der Ungenannten zu verletzen (die ganze Innung bedarf der Pflege!), zähle ich eine Handvoll und einen auf, eine repräsentative Stichprobe: Nicolas Born, F. C. Delius, Michael Krüger, Johannes Schenk, Jürgen Theobaldy, Roman Ritter. Was diese Poeten, ungeachtet ihrer individuellen Spielfarben, verwandt erscheinen läßt, ist die meist recht unzimperlich selbstbewußte Herauskehrung eines Ich von ziemlich gleicher Herkunft (klein- bis mittelbürgerlicher), ähnlichem sozialen Status (literarisches Wanderarbeitertum) und vergleichbarem politischen Werdegang (ApO und die Folgen bis zur statistisch signifikanten Italien-Euphorie). Die Charakteristik ergibt sich zwanglos aus den Gedichten selbst. Fast bei allen in Frage stehenden Autoren datiert die Geburtsstunde des neuen Ich-Gefühls mit Zerfall der Studentenbewegung. Erst mit der Zerlösung des sozialen Integrals, so lesen wir, konstatieren wir, wurde ein Selbstbewußtsein virulent seltsam gemischt aus Isolationsschaudern und der trotzigen Lust, das eigne Oberstübchen neu zu vermessen.

Im krassen Gegensatz zu Agitprop und Agitplatt wird über die Verfassung eines Wesens Auskunft gegeben, das man beim großen Solidaritätswirbel schon fast aus den Augen verloren hatte und das sich nun aus dem Schutt seiner zerschmetterten Hoffnungen ganz neu berappeln muß. Ich halte das, soweit man das Ich-persönlich überhaupt noch zur Kenntnis nehmen will, für einen Vorteil. Vor die Wahl gestellt, was ich einem Gedicht eher zutraue, Wahrheitsfindung oder Wirklichkeitsveränderung, möchte ich eigentlich lieber auf die erste Möglichkeit erkennen. Da wir beide konkurrierenden Gedichttypen gleichermaßen fest in bürgerlicher Hand wissen, ist die Entscheidung für diese oder jene Richtung ohnehin kein echtes Klassenproblem, sondern ein abgeleitetes: entweder man hält es mit der Seite, die ihre bürgerliche Identität schlicht leugnet und – in effigie! – exekutiert, oder vertraut sich lieber jenen immer leicht zynischen Ich-Gedichten an, in denen das bürgerliche Individuum zur Selbstanzeige schreitet. Wichtig scheint mir, daß in Zeiten, wo das Wort «Veränderung» schon manchmal wie «Verdrängung» klingt (weil es einen Paravent für jederart Wankelmut hergibt), noch unverstellte Auskunft über die Verfassung des Ich gegeben wird und sei es über die heillose Entfremdung von einerseits politischen Passionen und andrerseits fast asozialen Privatantrieben.

Was bleibt – als übergreifendes Verwunderungsmoment – ist dies anhaltende und anscheinend durch keine Entmutigung zu bremsende Bedürfnis nach der Versifikation menschlicher Leiden und Leidenschaften. Eine Gesellschaft, der man mittlerweile drei Fernsehkanülen in den Überbau eingepflanzt hat und deren Bedürfnisse nach Gesang mit Schlagertexten, Werbepoesie und Buweh-Singvorlagen vollauf abgefriedigt scheinen, muß dies Kommunikationsbemühen über gebundene Sprache für baren Wahnsinn halten. Freilich, der Wahnsinn hat Methode, und die erklärt sich gewiß nicht allein aus der vagen Hoffnung, sich mit lyrischer Heimarbeit einen kleinen Nebenverdienst zu schaffen oder einen guten Namen zu machen. Mit der Inanspruchnahme einer wahrhaft archaischen Mitteilungsform treten unsere in Versen sprechenden Minoritäten aus dem Medienverbund der Kommunikationskonzerne aus und begeben sich in eine Sphäre magischer Partizipation. Egal, ob Plakat-, ob Personalpoesie, ob lyrische Breitenagitation oder Binnenaufklärung, ob Wirkform oder Ausdrucksbegehren, Werkkreis oder Freundschaftszirkel: allein die poetische Formalisierung der Anliegen hier wie dort schafft interne Schwingungszonen, in der das magische Wort – HIER BIN ICH – DORT GEHT ES LANG – Gemeinschaft stiftet und abgesonderte Gemeinden konstituiert.

Daß es im kulturellen Outback noch zahlreiche lyrische Gruppen-Idiome gibt, die Wiener Lautpoesie und den Berliner Spätsurrealismus, die Mundartdichtung aus dem Bayrischen Regenwald und die Strukturlyrik in den Schallaboren der III. Hörprogramme, vervollständigt nur das Bild einer ins Abseits gedrängten Kunstgattung, deren Unterarten sich nur noch mühsam miteinander verständigen können. Die Parzellierung der lyrischen Sprache zu bloßen Stammesdialekten mag hier und da vielleicht nochmal zu kleinen Glanznummern führen – Kunst-Kunst-Raketen zur Belebung des Reservatlebens; generell habe ich allerdings den Eindruck, als ob sich die Poesie die eigne Existenzfrage gar nicht stellt und sich vor Tod-oder-Leben in eine pläsierliche Welt des schönen Scheins verflüchtigt. So viele nette kleine Bruderschaften in Apoll! – aber kein einzelgehender Satyr wagt sich aus den Schutzgebieten hervor ins Freie, kein meinetwegen Marsyas, um den Sterblichen unter Lebensgefahr eine richtige Menschenmusik vorzuspielen.

Ich sage Marsyas! und nicht Dionysos. Damit verlassen wir nicht nur augenblicklich die Sphäre unterhaltsamer Randgruppengymnastik, sondern auch das Gebiet der gefälligen Götterpakte und Gentlemenagreements (siehe: apollinisches plus dionysisches Prinzip; siehe: delectare-et-prodesse usw. usf.) und zwingen uns, einem anderen Gesetz ins Auge zu blicken, das heißt: Unerbittlichkeit.

Da sich in Prosa immer nur sehr vorbehaltlich für oder über Lyrik sprechen läßt, bleiben wir noch etwas im Mythos. Wir erinnern uns: der satyrische Wandermusikant Marsyas wurde vom göttlichen Monopolmusiker Apollon zum Wettbewerb herausgefordert – wohl in der Absicht, sich der irdischen Schmutzkonkurrenz zu entledigen. Da die zur Kunstkritik herangebetenen Musen sich nach dem ersten Durchgang weder für die apollinischen Sphärenklänge noch für die satyrische Ausdrucksmusik entscheiden mochten, verfügte der Lichtgott in Eile neue Vortragsbedingungen (man solle mit umgedrehten Instrumenten spielen, was zwar bei der Leier, aber nicht mehr bei der Doppelflöte funktioniert), und der arme Marsyas wurde um den Preis und dann leibhaftig um sein Fell gebracht.

Ich meine, das mythologische Konkurrenzkampfmodell könnte auch unsern zeitgenössischen Wettbewerbsgeschädigten zu denken geben – und nicht nur in dem Sinn, sich für die alten Sphärenmelodien künftig Gewerkschaftsschutz zu erbitten. Vor die Wahl gestellt, wem das Gedicht sich gesellen soll und wem seine Stimme leihen, mit Apoll den bestechlichen Musen oder mit Marsyas den ausdrucksbegierigen Menschen, der himmlischen Betrugsartistik *oder* dem Hunger nach Lebenswahrheit, den Fellabziehern *oder* den Geschundenen, kann, *muß* die fast aus der Welt konkurrierende Gattung doch schon von Schicksalswegen die Partei ergreifen der so oder so oder so Deklassierten und Entfremdeten.

Ohne ernster werden zu wollen, als es einem gewiß vornehmlich an Scene und schönem Schein interessierten Publikum zuzumuten ist: was der Marsyas-Mythos real an Erbaulichem widerspiegelt, ist nichts anderes als die Geburt des Dudelsacks aus dem Geiste der Tragödie. Mithin: wenn die Menschheit einmal wirklich in ihrer Qual verstummt, und sich vor lauter verbaler Kommunikation und Soziolinguistik schon nichts mehr zu sagen hat, gibt ihr vielleicht ein Satyr, zu sagen, was sie leidet.

Peter Rühmkorf

Gesammelte Gedichte
140 Seiten. Geb.

Kunststücke
Fünfzig Gedichte
nebst einer Anleitung zum Widerspruch
Rowohlt Paperback Band 15. 140 Seiten

Über das Volksvermögen
Exkurse in den literarischen Untergrund
rororo Band 1180

Was heißt hier Volsinii?
Bewegte Szenen aus dem klassischen Wirtschaftsleben
144 Seiten, br.

Die Jahre die Ihr kennt
Anfälle und Erinnerungen
256 Seiten. Das Neue Buch Band 1

Wolfgang Borchert
Dargestellt in Selbstzeugnissen und 70 Bilddokumenten
Rowohlts Monographien Band 58

Rowohlt

das neue buch rowohlt

Herausgegeben
von Jürgen Manthey

Peter Rühmkorf
Die Jahre die Ihr kennt
Anfälle und Erinnerungen [1]

Das Mädchen aus der
Volkskommune
Chinesische Comics [2]

Sergej Tretjakov
Die Arbeit des Schriftstellers
Aufsätze, Reportagen,
Porträts
Hg.: Heiner Boehncke [3]

Hans Christoph Buch
Kritische Wälder
Essays, Kritiken, Glossen [4]

Tom Wolfe
Radical Chic und Mau Mau
bei der Wohlfahrtsbehörde [5]

David Cooper
Der Tod der Familie [6]

Peter Gorsen
Sexualästhetik
Zur bürgerlichen Rezeption von
Obszönität und Pornographie [7]

Velimir Chlebnikov
Werke
I Poesie [8]
II Prosa, Schriften, Briefe [9]

Philip Roth
Unsere Gang
Die Story von Trick E. Dixon
und den Seinen [10]

Karla Fohrbeck
Andreas J. Wiesand
Der Autorenreport [11]

Elfriede Jelinek
Michael
Ein Jugendbuch für die
Infantilgesellschaft [12]

R. Buckminster Fuller
Bedienungsanleitung für
das Raumschiff Erde
und andere Schriften
Hg.: Joachim Krausse [13]

Ed Sanders
The Family
Die Geschichte von
Charles Manson und seiner
Strand-Buggy-Streitmacht [14]

Parteilichkeit der Literatur
oder Parteiliteratur?
Materialien zu einer
undogmatischen marxistischen
Ästhetik. Hg.: H. Chr. Buch [15]

Hermann Peter Piwitt
Rothschilds
Roman [16]

Carl Einstein
Die Fabrikation der Fiktionen
Gesammelte Werke
in Einzelausgaben
Hg.: Sibylle Penkert [17]

Peter Turrini
Erlebnisse in der Mundhöhle
Roman [18]

Harold Pinter
Alte Zeiten / Landschaft /
Schweigen
Drei Theaterstücke [20]

Nicolas Born
Das Auge des Entdeckers
Gedichte. Zeichnungen von
Dieter Masuhr [21]

Hartmut Lange
Theaterstücke 1960–72 [22]

James Baldwin
Eine Straße und kein Name [23]

Gruppe Cinéthique
Filmische Avantgarde und
politische Praxis
Hg.: Gloria Behrens,
Leo Borchard, Beatrix
Schumacher, Rainer Gansera [24]

Ronald D. Laing
Knoten [25]

Michael Schneider
Neurose und Klassenkampf
Materialistische Kritik der
Psychoanalyse [26]

Paul Nizan
Für eine neue Kultur
Aufsätze zu Literatur und Politik
in Frankreich [27]

John Barth
Ambrose im Juxhaus
Fiktionen für den Druck,
das Tonband
und die menschliche Stimme [28]

Ronald Fraser
Im Versteck [29]

Lu Hsün
Der Einsturz der Lei-feng-Pagode
Essays über Literatur und
Revolution in China [32]

Heinz Brüggemann
Literarische Technik und soziale
Revolution. Versuche über das
Verhältnis von Kunstproduktion,
Marxismus und literarischer
Tradition in den theoretischen
Schriften Bertolt Brechts [33]

Ron Padgett
Große Feuerbälle [34]

Hartmut Lange
Die Revolution als Geisterschiff
Massenemanzipation u. Kunst [36]

Günter Wallraff / Jens Hagen
Was wollt ihr denn, ihr lebt ja noch
Chronik einer
Industrieansiedlung [37]

Literaturmagazin I
für eine neue Literatur – gegen den
spätbürgerlichen Literaturbetrieb
Hg.: Hans Christoph Buch [38]

Renate Rasp
Chinchilla. Leitfaden zur prakti-
schen Ausübung [39]

Klaus Staeck
Die Reichen müssen noch reicher
werden. Politische Plakate [40]

Wolfgang Harich
Jean Pauls Revolutionsdichtung
Versuch einer neuen Deutung
seiner heroischen Romane [41]

Thomas Pynchon
Die Versteigerung von N° 49
Roman [42]

Maurice Godelier
Anthropologie und Ökonomie
Kritische Analysen zum Begriff
der sozialen Struktur primitiver
Gesellschaften [43]

Gustav von Wangenheim
Da liegt der Hund begraben
und andere Stücke. Aus dem
Repertoire der ‹Truppe 31› [44]

John Berger
Glanz und Elend des Malers
Pablo Picasso [45]

Rolf Hochhuth
Lysistrate und die Nato
Komödie [46]

Joris Ivens
Die Kamera und ich
Autobiographie eines Filmers [47]

Burkhard Driest
Die Verrohung des Franz Blum
Bericht [48]

Literaturmagazin 2
Von Goethe lernen?
Fragen der Klassikrezeption
Hg.: Hans Christoph Buch [49]

Proletarische Lebensläufe
Autobiographische Dokumente
zur Entstehung der
Zweiten Kultur in Deutschland
Band 1: Anfänge bis 1914 [50]
Band 2: 1914–1945 [61]
Hg.: Wolfgang Emmerich

Jürgen Theobaldy
Blaue Flecken
Gedichte. Mit Zeichnungen
von Berndt Höppner [51]

Walter Fähnders / Martin Rector
Linksradikalismus und Literatur
Untersuchungen zur Geschichte
der sozialistischen Literatur
in der Weimarer Republik
2 Bde. / Bd. 1 [52], Bd. 2 [58]

Günter Seuren
Der Jagdherr liegt im Sterben
Gedichte [53]

Sozialisation der Ausgeschlossenen
Praxis einer neuen Psychiatrie
Hg.: Agostino Pirella [54]

Literaturmagazin 3
«Die Phantasie an die Macht»
Literatur als Utopie
Hg.: Nicolas Born [57]

Politische Karikatur in der BRD
Hg.: Thomas Fecht [59]

Louis-Ferdinand Céline
Rigodon. Roman [60]

Michael Schneider
Die lange Wut zum langen Marsch
Aufsätze zur sozialistischen
Politik und Literatur [62]

Rolf Dieter Brinkmann
Westwärts 1 & 2. Gedichte [63]

Elfriede Jelinek
Die Liebhaberinnen. Roman [64]

Peter Rühmkorf
Walther von der Vogelweide,
Klopstock und ich [65]

Literaturmagazin 4
Die Literatur nach dem
Tod der Literatur
Bilanz der Politisierung
Hg.: Hans Christoph Buch [66]

Johannes Schenk
Jona [67]

Rolf Hochhuth
Tod eines Jägers [68]

Harold Pinter
Niemandsland
Fünf Theaterstücke [69]

Jan Christ
Asphaltgründe
Erzählungen [70]

Hermann Peter Piwitt
Boccherini und andere
Bürgerpflichten
Essays [71]

Literaturmagazin 5
Das Vergehen von Hören und
Sehen. Aspekte der
Kulturvernichtung [72]

Kenneth Koch
Vielen Dank
Gedichte und Spiele [73]